寻找百倍消费股

吕长顺（@凯恩斯） 著

LOOK FOR HUNDREDFOLD CONSUMER STOCKS

中国经济出版社
CHINA ECONOMIC PUBLISHING HOUSE
北 京

图书在版编目（CIP）数据

寻找百倍消费股 / 吕长顺著. -- 北京：中国经济出版社，2023.1

ISBN 978-7-5136-7131-6

Ⅰ. ①寻… Ⅱ. ①吕… Ⅲ. ①股票投资－基本知识 Ⅳ. ① F830.91

中国版本图书馆 CIP 数据核字（2022）第 193865 号

责任编辑 丁 楠
责任印制 马小宾
封面设计 久品轩

出版发行 中国经济出版社
印 刷 者 北京艾普海德印刷有限公司
经 销 者 各地新华书店
开　　本 710mm × 1000mm 1/16
印　　张 15
字　　数 171 千字
版　　次 2023 年 1 月第 1 版
印　　次 2023 年 1 月第 1 次
定　　价 69.80 元
广告经营许可证 京西工商广字第 8179 号

中国经济出版社 **网址** www. economyph. com **社址** 北京市东城区安定门外大街 58 号 **邮编** 100011
本版图书如存在印装质量问题，请与本社销售中心联系调换（联系电话：010-57512564）

序言

PREFACE

在有鱼的地方钓鱼，在大鱼多的地方钓鱼

我们为什么选择大消费行业进行投资？查理·芒格曾言："投资有两条原则：原则一，'钓鱼'一定要去有鱼的地方；原则二，记住原则一。"所以，我们选择消费行业作为投资目标，有四点考虑：

第一，消费行业是一个"多鱼"的行业。消费行业涵盖的内容极其丰富，随着科技发展，消费的外延也在不断扩大。除却司空见惯的"柴米油盐酱醋茶"等消费必需品，当前新消费产品、新消费模式层出不穷。

从纵向看，消费品不断增加，不断推陈出新。20 年前，我们出门需要带房门钥匙、车钥匙、传统手机、充电器、钱包、现金等，而如今，智能手机可以替代以上所有物品。10 年前，在我国电动汽车还是一个概念产品，特斯拉的电动汽车还在盈亏边缘挣扎，而今，无论是"蔚小理"还是特斯拉，早已"进入寻常百姓

家”。再过10年，我们会不会看到满街的自动驾驶汽车？这个世界的消费品种类正在以几何速度增加，我们永远猜不到未来会有什么。在消费领域，只有想不到，没有做不到。人类的欲望永无止境，很多需求无法满足只是因为我们没有发现满足这些需求的供给。

从横向看，消费需求从来不局限于物质层面，精神层面的消费需求也很多。过去20年，主要的财富故事围绕着游戏、社交、电商三大应用需求展开，从事这些行业的科技大佬替代房地产大佬成为各类财富榜单的常客。在游戏领域，我们每一代人都有不同的童年记忆，且这些童年记忆往往会暴露年龄。80后喜欢打弹珠和拍卡片，90后喜欢玩街头游戏机和去网吧，00后喜欢玩电竞、国潮、盲盒。代沟可能并不是因为教育的差异性，而是因为文化娱乐消费组成的精神世界各不相同。在社交领域，农耕时代通信基本靠吼，工业时代通信网络拉近了彼此之间的距离，使信息点对点传输加快，而互联网时代通信网络呈现网状和立体结构，几亿人同步的大型线上交流已经能够实现。得益于电商的发展，我们可以几周、几个月，甚至几年不出门，全靠外卖小哥和快递小哥“养活”。

不论从纵向还是横向看，消费的内涵都在不断扩大，投资者面对的是增量市场，这不仅仅是消费者的递增，也是消费内容的递增。

第二，消费行业是一个有“大鱼”的行业。消费股是穿越牛熊的“长跑冠军”，在潮起潮落的全球经济周期面前，很多消费股屹立不倒。长期来看，消费企业往往现金流充沛，聚沙成塔。消费类上市企业利用复利轻轻松松积累巨额现金财富，这既让消费企业经营保持稳健，又提升了消费企业的研发、并购能力，最终让消费企业从微末走向伟大，从单一走向多元。消费股创造了大量长期投资的神话、佳话，消费股中十倍、百倍股层出不穷。“股神”巴菲特就十分热衷于投资消费股，比如可口可乐、沃尔玛、苹果、喜诗糖果、吉列刀片、宝洁、亨氏、比亚迪等，巴菲特从中获得了百倍、千倍的财富增长。

消费类企业之所以规模庞大，除了因为有充沛的现金流，还因为其善于跨越周期和地区。

一方面消费股能够跨越周期。对于消费品中的必需品，人们不会拒绝，即使在周期下行阶段，人们依然需要购买食品和衣物。对于消费品中的非必需品，即使遭遇经济周期下行，人们也会因欲望的驱使而消费。比如“口红经济”，在经济不好的时候口红需求反而增加；比如20世纪90年代之后日本的动漫和游戏产业，在通货紧缩下依然兴旺发达。

另一方面消费股能够跨越地区，冲破文化差异。比如中国和美国之间虽然存在文化差异，但中美的宅家年轻人都喜欢可口可乐，都喜欢玩“王者荣耀”（国外叫“Arena of Valor”），都喜欢刷抖音（国外叫“Tik Tok”）。可见，在“吃喝玩乐”的消费领域，人们往往能形成高度的共识，这种共识让消费新模式跨越国界，享誉全球。

第三，中国消费领域的长期发展是大势所趋。美国当前的消费占 GDP 的比重为 80% 左右。[1] 中国 2020 年最终消费占 GDP 比重为 54.3%。诚然，美国是消费主义盛行的社会，但从中国投资者的角度看，正是因为中国消费对经济的贡献率依然不高，才有拉动消费发展的动力。

两个鞋子推销员发现一个小岛上的人都没有穿鞋子。其中 A 推销员给企业打电话："我们完蛋了，这个岛上的人都不穿鞋子。" B 推销员给企业打电话："我们发财了，这个岛上的人都不穿鞋子。"于是，B 推销员所在鞋厂的产品供不应求，A 推销员所在的鞋厂生意惨淡。中国的消费拉动的天花板很高，市场空间依然很大，这正是中国投资者的机遇所在。2022 年年初，政策面出现了拉动内需的呼声，对消费的支持政策箭在弦上不得不发，再叠加老百姓收入水平不断提升，笔者认为中国消费的大时代即将到来，甚至进口和投资将逐步弱化，消费支撑中国经济的态势将逐步强化。

第四，消费股投资容错率更高，普通投资者对于消费行业更加熟悉。"水清却有鱼"，消费行业信息不对称情况更少，对投资者认知的要求更低，价值投资者理解消费股是一件简单的事情。如果你是医生，可能会投资医药行业；如果你是程序员，可能会投资区块链。很多行业投资的专业门槛很高，需要熟悉专业知识以便了解企业产品，这就是投资者的能力圈。但消费股的投资门槛很低，因为不管我们从事什么职业，我们必然是消费者。消费股

① 2020年第三季度数据显示，美国私人消费占GDP的比重就达到了67.6%，再加上公共消费的 14.3%，占 GDP 的比重接近 83%，最近数年美国消费占比在 80% 左右徘徊。

对于所有投资者来说机遇是均等的，消费品就存在于商超的货架或者电商的展示页面上。很多消费者在购物节上为了几元钱的优惠货比三家，算尽了每一分优惠，却很少将这种才干引申为“财富密码”，用在投资上。有这个精力和兴趣，完全可以将消费股搞得明明白白。敏锐的消费者在买到好货的同时还会去网上看一看这家企业的主页。资本市场的信息不对称随处可见，但消费股投资对于投资者十分友善，在信息层面，只要有心，就能从日常生活中获得足够多的信息，并以此作为买卖消费股的依据。

综上，消费股投资是普通投资者的最佳选择。A股历史上，百倍消费“大白马”层出不穷，比如贵州茅台、海天味业、农夫山泉、比亚迪等。随着中国经济转型和制造业升级，A股在未来还会出现更多消费领域的“大白马”。

本书的重点提示：首先，我们将框定最佳消费股投资者，告诉读者哪些人适合选择消费股投资。其次，我们谈方法，告诉读者如何一眼看穿消费股。再次，我们谈案例，我们不仅要看透消费股，还要透过现象看本质，以期读者通过研究案例培养一种“洞察”能力，进而找到未来消费领域的百倍股、千倍股。最后，我们谈投资者的知识体系。纸上得来终觉浅，绝知此事要躬行。投资是一门多学科组成的学问，我们需要一些基本的认知来指导实践。

目录
CONTENTS

第一章

股市投资秘诀

——寻找投资圣杯

“圣杯”的说法来自基督教中关于耶稣的神话。耶稣在“最后的晚餐”上用圣杯装葡萄酒给自己的门徒喝，耶稣将葡萄酒当作自己的血液，以这种仪式来传承意志。之后，人们赋予了“圣杯”更多的内涵，圣杯争夺成为大量影视、动漫、游戏创作的背景题材。

一、两个圣杯的故事——财富博弈和财富创造

投资的圣杯代表着源源不断的财富。投资者期盼有这么一个圣杯，能够从中流出无尽的财富。虽然这个世界上没有“无尽财富”圣杯，但我们依然可以插上想象的翅膀，如果有“无尽财富”圣杯，财富将如何产生呢?

财富规律总结起来就是两句话：“财富可能被掠夺，财富也可能被创造。”所以，如果这个世界真有“无尽财富”圣杯，那么也应该有两种可能。圣杯可能遵循“财富可能被掠夺”，也就是此消彼长的规则，称为“财富博弈”圣杯；圣杯可能遵循“财富也可能被创造”规则，称为“财富创造”圣杯。“财富博弈”圣杯遵循财富守恒定律，一部分人从圣杯中获取的财富是另一部分人失去的财富；“财富创造”

圣杯则是源源不断地产生物质，类似于阳光赋予大地，毫不吝啬地赋予世间财富。

“财富博弈”圣杯其实一直都存在，那就是金融业。金融业并不生产粮食和物品，但是金融业进行资源再分配。股权、债权、保险、衍生品等，都是财富再分配的工具。当然，金融的再分配功能是通过市场规律，或者人性规律来实现的。所以，能够获得“财富博弈”圣杯的投资者，是深谙人性、深知市场的人。了解市场才能了解财富流动规律，了解人性才能了解博弈对手，并利用对手的谬误来赚取财富。

“财富创造”圣杯其实也一直都存在，那就是产业或者企业。从各类资源到一部智能手机，里面充满了人类的智慧，这些智慧结晶就是财富。比如芯片是从沙子转变而来，如果没有人类智慧，它永远是一堆沙子，而人类赋予了这堆沙子价值。所以“财富创造”圣杯就是人类通过智慧来造物，而在现代这种创造过程以“企业”的形式组织起来。所以，要说“财富创造”圣杯是什么，其实就是一家家创造财富的“伟大企业”。

投资者在资本市场就是在找“财富博弈”圣杯和“财富创造”圣杯。大多数趋势投资者找寻的重点在前者，金融的本质就是再分配，是存量资源博弈，金融并不创造财富，金融只是“财富的搬运工”，可由于资源守恒，总量有限，“财富博弈”圣杯很容易引起争夺。失去财富的一方往往心有不甘，人类历史上种种问题，诸如战争，都是起源于“财富博弈”圣杯。即便是没有硝烟的资本市场，抢夺“财富博弈”圣杯的过程也充满了火药味，从信息博弈到算力竞赛，从“听墙角”的“窃听风云”到爬虫程序的“算法竞争”，参与“财富博弈”

圣杯争夺战的金融投资者已经开始用能够想到的所有方式来武装自己，有时候其花费在“圣杯战争”中的成本要远远大于从圣杯中获取的财富。

大多数价值投资者找寻的重点在后者。股票投资的本质是什么？股票是一家上市企业的一部分，买入股票是为了分享伟大企业未来的经营成果。买入一家“伟大的企业”就是获得了“财富创造”圣杯，价值投资者可以源源不断地从圣杯中获取财富，人一辈子只要做对了几笔投资就能够实现财富跃升，实现财富自由。

那么，投资者是否可以左手持“财富博弈”圣杯？右手持“财富创造”圣杯？聪明的投资者会利用“财富博弈”圣杯来了解人性，抓住人性的弱点来选择买入时机。聪明的投资者也会利用“财富创造”圣杯来了解企业，评估和发现企业的未来价值，通过长期持有来获得可持续的财富收益。

二、华尔街的秘密——人性主导的博弈

《股票大作手回忆录》里面有一句话：“华尔街没有秘密，也不可能有秘密，投资像山岳一样古老，因为人性亘古未变！”价值投资者往往会说自己找寻的是“财富创造”圣杯，而不是“财富博弈”圣杯，所以价值投资者不需要了解人性。这完全是错误的，价值投资者也需要了解人性，也要从人性的弱点着手投资，且在某种程度上，价值投资者比趋势投资者要更了解人性的本质，比如利用他人的恐慌和贪婪来逆向思考问题。

当然，价值投资者不需要考虑所有的人性问题，我们不是在探讨人性，而是在探讨投资。笔者认为，投资者如果想要成功，需要从两个方面了解人性：一个方面是资本市场以外的人性，不要只见树木不见森林，人类从一开始就是社会学生物，我们与动物的最大区别在于我们通过协作来解决问题，所以，社会性的人必然需要在日常生活中深谙做人之道；另一个方面是资本市场以内的人性，了解自己的人性弱点，了解他人的人性弱点，避免掉入行为谬误当中。

（一）市场之外——投资就是做人

投资者，首先应该学会做人，做人的成败往往投射到投资领域，成功的投资者既需要智慧理性，也需要人格魅力。市场之外，一个成功的投资者必备三样“神器”，即执行力、人际交往能力、学习和逆向思维能力。

1. 执行力

“我很早就关注某某股票，可惜没有买！”成功的投资者必定是有很强执行力的，因为“天上不会掉馅饼”。资本市场不缺大的投资机遇，也不缺高明的分析师。很多投资者能够通过专业知识把上市企业分析得头头是道，但是缺乏执行力会导致所有分析都回到原点。没有执行力的投资分析一文不值。

执行力不足的主要因素可能有以下几点：

（1）投资者比较懒。“躺平”的 DNA 刻在人性深处，一句“我不懂”就绕过了所有的成功选项。

（2）投资者不想改变。习惯的力量很强大，我们习惯于选择那些司空见惯的工具，比如收益率很低的理财产品，哪怕这些理财产品无法跑赢通货膨胀。不想改变还体现在很多层面，比如投资者看好一只 A+H 的股票，H 股价格更便宜，从价值投资的角度，当然是价格便宜的股票买入更划算，但因为沪港通开通有门槛，而 A 股投资者习惯在 A 股交易，于是不想改变交易习惯，宁愿买贵的。再比如有投资者想要增加投资杠杆，不论增加杠杆的行为对不对，很多网贷平台贷款利率高过 20%，而银行信贷利率在 5% 左右，投资者在借贷时却倾向通过网贷平台，他们不愿意去研究这 15% 的成本差异，因为网贷借贷相对便捷，提供的资料更少，而这些投资者“习惯了”网贷而不想改变。

（3）投资者以标准化思维处理框架效应。标准化思维就是“想当然”，以最简单的思维分析问题，而框架效应是对同一个事物的不同表述，比如“屡败屡战”和“屡战屡败”其实是同一个结果，但是很多人认为“屡败屡战”是一种积极的行为。在中国当前的投资分析领域，证券分析师和上市企业公告都倾向于看多，在分析企业的过程中，投资者很难看到相反意见。所以，用直观、标准化的方式“想当然”地去做上市企业分析是不行的。比如上市企业说去年净利润增长 100%，这显然是一个利好，但还必须通过财报去研究这个净利润是可持续的盈利能力增加，还是撞大运获得的偶然收益。信息并非拿来就用，而是要经过分析得出自己的结论。要防止上市企业用“框架效应”误导投资者，诸如玩“屡败屡战”之类的文字游戏。

（4）投资者因选择困难而放弃选择。有些人吃个饭都要“点兵点将”，这样的性格其实不利于做投资决策。当断不断反受其乱，有时候要善于下决断，犹犹豫豫往往会错失良机。

（5）投资者认为做不到而不做。电影《大空头》里面有两个年轻人发现了次级贷的问题，想要大赚一笔，但是作为个人投资者，他们需要和摩根士丹利签订 ISDA 协议（金融衍生品统一交易标准的一种协议），只有这样才能通过 OTC（场外柜台交易）买卖 CDO（担保债务凭证）和 CDS（信用违约掉期），签协议的门槛是 10 亿美元，而当时两个年轻人只有 3000 万美元，于是，他们去找了担保人，并最终完成了签约。相信判断正确，就应该去做，否则就是浪费聪明才智。A 股也有很多门槛，比如科创板、港股通、融资融券都有资产的门槛，这本身对于低净值的投资者不太友好，如果束缚投资者的不是聪明才智，而是这些条条框框，那么就想办法打破这些条条框框。

综上，执行力是所有投资的起始环节，也是做人的一种态度。执行力不足的问题该如何克服？第一个方法是让自己热爱投资这项工作。诸如巴菲特，其不止一次表示热爱这份工作，只有热爱，才有动力去做。第二个方法是利用机会成本来比较多项投资决策，选择机会成本最小的。比如买理财是 3% 的年利率，而经营稳定、可持续发展的 20 倍市盈率的消费股相当于 5% 的年利率，那么就应该选择股票。第三个方法是列举解决方案。比如你觉得某项资产是个投资机遇，那么要通过几步才能实现这项投资？列出问题清单，逐个击破，最终实现目标。

如果没有执行力是主观的原因，那么就通过自己的兴趣和热爱来提高执行力。如果没有执行力是因为决策能力不足，那么就通过学习和理性思考来解决。投资是一件需要花费精力和热情的事，所谓的“减少操作”是建立在理性分析基础之上的，而并非“什么也不做”。

2. 人际交往能力

人际交往在投资领域非常重要。费雪在《怎样选择成长股》一书中反复强调需要了解上市企业的经营团队，要旁敲侧击地去获取上市企业的经营信息。当前，资本市场上普通投资者最大的敌人依然是信息不对称，小投资者获取信息的途径太少。大家也许只看到了巴菲特的成功投资，但不知道的是，巴菲特也好，索罗斯也好，投资之前他们都会见目标企业的 CEO。比如在 1988 年投资可口可乐之前，巴菲特在某个酒会见到了可口可乐的 CEO，比如索罗斯在 1992 年狙击英镑之前，飞到德国去见了德国官员，确认德国不会在英镑贬值的时候援助英镑。巴菲特也经常将企业经营团队的品格、能力挂在嘴边，但对于普通投资者来说，了解上市企业经营者和真实经营情况的难度要大很多。即使是机构投资者，大多数时候也只是了解企业台面上的样子。

卡耐基曾言："一个人的成功 15% 来自他的专业知识，还有 85% 来自其表达思想、领导他人和唤起他人热情的能力。"这在投资领域也毫不例外，在进行价值分析之前，首先要获得信息，真实的信息价值连城。在价值分析过程中，需要采用多种学科的知识，需要高于常人的认知，而这些知识和认知很多都来自和聪明人的交流。普通投资者要积极参与社交，社交能够给投资者带来有价值的投资信息，这些信息中包含各种投资机遇。圈层社会的意思是，你所接触的人，往往决定了你的认知高度，也决定了你的投资成败。若你是一个不善社交的人，请努力做到以下几点，循序渐进地积累人脉。

（1）多关心他人，关心他人的需求，将欲取之，必先予之。不要目的性很明确的社交，社交是“远期支票”，在他人需要的时候积累社交资源，在关键时刻回收这些社交资源。

（2）多赞美他人。“千穿万穿，马屁不穿。”当然，赞美要得体。

（3）不要批评他人，如果一定要批评，换个他人能够接受的方式。

（4）倾听。每个成年人的三观都是固定的，我们很少能够改变他人的观点，而倾听既能够让诉说者因为你善于倾听而产生好感，也能够从诉说者那里获得更多元丰富的信息。

综上，很多人认为这些简单的社交理论是“心灵鸡汤”，但实际上投资领域有很多故事正是围绕这些观点而展开。投资领域流传这样一个故事：一个风投大佬和一个小老板谈项目，最终项目没有谈成，结束谈话的时候，小老板主动拿出一个装有 20 万元现金的皮箱子说作为茶水费。后来风投大佬和小老板熟悉了，就问小老板，这箱子钱是一开始就准备好的茶水费吗？小老板说：“如果项目谈成了，这 20 万元就是定金；如果项目没谈成，就算买个路子，交个朋友，那就是茶水费。”这样的故事还有很多，营销行业的从业者一定深有体会，卡耐基也曾提议一位记者在采访的时候投其所好地给被采访人带去一枚邮票，因为被采访人的孩子热爱集邮，从而使记者采访到了想要的信息。再如 2022 年上半年在上海因新冠肺炎疫情封控期间，奢侈品牌的销售人员纷纷给 VIP 客户送去了各种精美的餐具餐盒，对于销售人员来说，这就是一种人际交往的技巧，而这些技巧意味着未来能够获取更多订单。

3. 学习和逆向思维能力

目前对企业的护城河有很多种解释，投资者的护城河来自学习。

关于学习，投资者要关注以下几点：

（1）学习要站在前人的肩膀上，并获得新的突破。格雷厄姆是巴菲特的老师，早期巴菲特的投资知识都来自格雷厄姆。但在 1951 年，巴菲特即将毕业开始投资的时候，格雷厄姆建议巴菲特等一等，理由是在过去 55 年中，道琼斯指数每年都会跌到 200 点以下，但巴菲特没有听取老师的建议。结果 1951 年道琼斯指数没有跌到 200 点，之后也再没有回到 200 点以下。巴菲特后来对《华盛顿日报》说，“假如我当时听从了老师的建议，那么现在我也许还是只有 1 万美元。”格雷厄姆教会了巴菲特看安全边际，但巴菲特能够打破格雷厄姆认知的惯性，步入更高的维度。

（2）活到老学到老，与时俱进地站在知识潮头。在 20 世纪 70 年代，巴菲特主动吸收了芒格的智慧，开始投资成长股，这和格雷厄姆的投资思想大相径庭，是完全新的投资思路。2000 年以后，巴菲特依然在学习，并最终投资了诸如苹果这样的科技企业，而巴菲特在八九十岁的高龄，还努力学习使用苹果手机。回头看看我们身边很多老人，已完全无法适应智能手机时代，那些老人都败给了岁月，高龄让学习变得无比艰难。巴菲特和芒格一直在践行“生命不息、学无止境”的终身学习准则。

（3）知识越多元，分析越透彻。价值投资者对于上市企业的分析应该站在多元的角度，而这些分析能力主要通过学习来获取。巴菲特和芒格都是涉猎很广的人，对于上市企业的观察也并非局限于单一方式。投资者当然要懂财报，但财报技巧需要结合行业，仅有财报知识还不足以对上市企业做出正确的判断。比如投资不能局限于简单的常识，有时候投资甚至要从历史和生物学上面获得相关知识，“进化论”

就能很好地解析企业之间的竞争。价值投资者在投资的时候并非面对简单的取舍权衡，而是面对复杂的企业和行业，价值投资领域没有“一招鲜，吃遍天”，只有日积月累地学习，并用所学解析企业，才能获得想要的答案。

（4）学习能够让投资者克服感性，回归理性。普通投资者容易陷入一种情绪化、随波逐流的状态当中，会希望买入股票后股价立刻上涨，也会在投资亏损之后怨天尤人，将自己的决策错误推给客观因素，比如抱怨上市企业管理层不作为，比如认为自己的亏损是庄家操控导致的。诚然，亏损的因素五花八门，但价值投资者最主要的亏损往往来自情绪化的随波逐流。同样是面对优质上市企业的股价下跌，大多数投资者难以摆脱负面情绪，整天翻看各大论坛的评论区，然后从自信满满转变为将信将疑。这种疑虑的根源就在于对企业的价值分析过程不够自信。面对优质上市企业股价下跌，价值投资者应该是一种愉快的状态，如果知道这家企业能够带来很多收益，那么就应该为自己能够在低价的时候买入而感到庆幸。在投资中，投资者要善于利用他人的谬误、恐慌。甚至，一些投资者会主动站在空头这边，虽然并不是做空，但是他们期待抄底打折的股票。支撑这种乐观和自信的根源，就是学习。

（二）市场之内——理性光辉闪耀

有人将人类的思考分为快思考和慢思考。快思考基于人类的直觉，有时候直觉很准确，但一定要注意只是有时候准确，价值投资者不能依赖直觉进行投资。我们有很多因为直觉导致的谬误，比如下面提到的几点：

（1）典型性偏好：过度关注典型事件，而忽略其背后的概率。例如，中国国内飞机事故率二十万分之一，有些年份达到百万分之一，但有人害怕坐飞机，因为他们经常从新闻上看到飞机事故，但却不常看到车祸。

（2）可得性偏好：一个事件越容易出现在大脑里，人们就越容易相信它会发生。例如，故事性偏好，很多投资者会相信“阴谋论”，而不是分析的结果。例如，近因启发，很多投资者最近买了某个商品，不加分析地立马投资了与商品相关的股票。例如，禀赋效应，因为持有某只股票，反而更看好这只股票。例如，权威效应，跟随专家的观点选择股票。

（3）因果性偏好：对事件进行不合理的因果关系解释。例如，通过现象找原因的投资者，如果看到股票下跌，往往会怀疑上市企业可能遭遇了某个重大利空。例如，有人将歌星萧敬腾和下雨联系起来，这个看似荒唐的结论给萧敬腾带来了“雨神”称号，但实际上下雨只是结果，其原因只可能是大自然，而不是萧敬腾。

（4）光环效应：只见树木不见森林，或者爱屋及乌，过度关注局部信息从而影响了对整个事件的判断分析。

（5）锚定效应：评定某个事件之前，会下意识地设定一个“锚定值”。例如，一种情况股票从 10 元跌到 5 元，投资者会认为企业存在利空，不敢买入；另一种情况股票从 100 元跌到 5 元，由于锚定了 100 元，投资者会认为股票很便宜。但实际上这并不是一种理性判断的方式。

（6）框架效应：对同一个问题的不同描述会导致人们不同的决策判断。例如，屡败屡战和屡战屡败，资本市场为了掩盖企业经营的潜在问题，上市企业总是挑财报中好看的数字。明明遭遇了亏损，上市企业会说营收增长了100%，如果连营收也没有起色，上市企业会说用户数量增加了，市场占有率提高了，成本下降了。如果不直接去验证这些说法，大家很容易被框架效应给“框进去”。

（7）损失厌恶：当拥有某个物品后，人们会认为它的价值更大（大过物品本身的价值）。例如，有的投资者会有心理账户，容易赚到的钱往往更容易花掉，有的投资者对于股市盈利花起来大手大脚，而一旦遭遇亏损，就会非常烦躁。

综上，如果上文所说都是个体因为直觉或者快思考导致的谬误，那么人类作为一个群体，也经常发生谬误。谈群体行为谬误的词很多，比如“乌合之众”，也有人以反身性来描述。微观经济学也是专门围绕人类群体的认知偏差进行研究和讨论的。

与快思考的感性直觉相对的，则是慢思考的理性智慧。价值投资的本质是一种理性、科学的思考方式。市场上不乏利用技术趋势、K线图来投资的投资者，甚至有些专业的分析师通过天干地支来分析投资，但很神奇的现象是，谈技术趋势、K线理论、天干地支、星座、塔罗牌的自媒体往往生意兴隆。

价值投资领域有句话：“你无法赚到你认知以外的钱。”加密货币在过去十年间创造了财富神话，但价值投资者在这十年里一直无从下手，为什么？因为价值投资者都强调能力圈，其默认的潜台词是：我们的能力是有限的，不可能对所有投资都跟进，投资只在能力范围内展开。价值投资是一门科学，科学承认未知。

趋势投资者和伪价值投资者不想承认未知。如果一只股票别人懂而自己不懂，这些投资者可能会认为没面子，又或者感觉自己错过了重大的投资机遇。所以其往往拼命挤进这些新颖的赛道，而进去之后，又没有足够的知识储备来理解。此时，快思考也就是感性直觉占据主导，投资者尝试用有限的知识对未知事物进行抽象刻画。量子科学有段时间十分火爆，投资者趋之若鹜，各种量子纠缠、时空穿梭、物质传递的概念纷纷涌现，甚至还有培训班叫“量子读书”，现在回头看很多东西都是笑话，很多投资者实际都在笑话当中。

理性投资思维的本质十分简单。投资是什么？投资是买入企业的一部分股权，分享经营成果。价值投资是以合适的价格买入伟大企业的一部分股权，分享伟大企业的经营成果。简单的价值投资里面只包含两个问题：什么是合适的价格？什么是伟大的企业？理性投资不只有价值投资，也有资本市场的套利行为。但价值投资是理性投资中最为典型，也最经久不衰的一种投资方式。价值投资本身是一种科学，而价值投资者在投资之前，第一步就是要去除大脑中的快思考，利用自己理性的慢思考来分析股票。

（三）价值投资的十大理性原则

在资本市场保持理性，是价值投资者的根本。价值投资的原则很多，但笔者选择其中最为关键的十点，组成价值投资的十大原则。

1. 利用机会成本比较法来筛选股票

将财富买了理财产品，获得年利率 3%，你认为这是稳赚不赔，但实际上由于通货膨胀的存在，这个收益率可能意味着不赚反亏，如果收益率是 3%，而通胀率是 4%，那么投资者每年亏损 1% 的货币价值。这就是机会成本的思维方式，是一种通过比较来区分优劣的方式。

机会成本告诉我们两点：一是要善于比较，诸如在资本市场投资，并不能期待年年都获利，但是可以通过比较来评判自己的投资能力，如果投资收益比指数高出 10%，或者亏损比指数低 10%，说明自己在选择投资的时候更加稳健，意味着自己在潜移默化中运用了机会成本比较法，投资能力要高于很多基金经理的投资能力，所以完全可以自己去做投资决策，不必把钱给基金经理。二是要考虑金钱的时间成本。投资者在投资的时候一定会考虑购买股票的成本，但投资者很容易忽略时间成本。“华尔街金钱永不眠”，闲置的资金不会产生任何价值，所以哪怕是闲置的资金也是需要投资的。全球机构投资对于闲置资金的处理，大部分是通过国债投资来实现短期收益的。金钱是有时间价值的，不要让金钱停滞下来，从而错失收益。

2. 以长期主义来进行投资

有人在买入股票之后希望股价立即上涨，现实中这种机遇不是没有，但很少。投资者往往为了博取两三毛的短期反弹，失去两三元的本金，捡芝麻丢西瓜的状况随处可见。从一个年度看，即使是伟大的上市企业业绩增速也十分有限，巴菲特的伯克希尔·哈撒韦公司年均增长超过 20%，这已经是上市企业的塔尖水平了。价值投资者利用的是股票增长的复利，希望投资的股票穿越牛熊周期，一直增长，所以就要考虑企业十年之后的样子，而不是眼前的样子。价值投资者和短期投机者之间的差距就好像龟兔赛跑，但复利站在价值投资者这一边，所以赛跑的赢家一直是价值投资者。

要注意：长期主义不是拒绝纠正自己的投资错误，长期主义有两个层面的内涵：其一，长期主义是说上市企业当前有一种能力，使得上市企业未来更加成功和伟大，比如有能打的团队、过硬的技术、享誉的品牌、以规模和技术将竞争对手甩在身后等。正是上市企业拥有这些竞争优势，从长期看其就是一台印钞机器，在未来任何时间投资者都不会舍得卖出“印钞机”，长期持有股票是因为这些企业当前已经表现出伟大企业的特质。其二，长期主义也可能是一家企业数年在做的事，是为未来成为伟大企业而准备，这些事往往在当下需要海量的资金投入，短期看回报也很低，但是这些投资长期看并不是浪费，而是一种优势能力的积累。比如过去 20 年的互联网企业就教会了很多人以长期主义的眼光来看待企业，电商企业建设无人智能化的物流仓储系统、互联网平台以低价甚至免费积累用户量、医药企业花费巨资研发新药等。这些行为都是不赚钱的，但从长期看都是可以在未来给企业带来更多利润的。

经济周期客观存在，价值投资者中的佼佼者总是选择那些穿越经济周期的股票，要经历几个“春夏秋冬”，才能看懂季节变化。没有人能够预测未来，没有人能够准确预测经济的未来状况，但若是价值投资者穿透层层迷雾，看透了企业发展是一个长期的过程，那么最终就可以通过时间实现财富量级上的跨越。奉行长期主义的投资者，成功往往就在前方不远处。

不只是巴菲特遵循长期主义，实际上互联网企业中的亚马逊也十分推崇长期主义，其早期建设仓储物流，即使牺牲了眼前的利益，也要打造一套完善的系统。进入 2000 年以后，尤其是随着苹果公司带来的互联网 2.0 时代，长期主义更是被很多风险投资者奉为圭臬，风投的目光比价值投资者更长远，同时，他们也更加热情地拥抱风险。

3. 投资一定要集中

分散投资似乎是很多基金吸引投资者的重要说辞，甚至被当作一种尝试。这里要说明这完全是错的。如果你是理性投资者，在分析一家企业之后，对企业的未来状况拥有十拿九稳的把握，那么，为什么要将资金分散呢？就好像巴菲特投资苹果公司，2016 年，苹果虽然遭遇了短期的业绩低估，但是其当时的市值已经很高了。按照常理，苹果的体量应该不会再有很大的扩张，但巴菲特自信满满，对苹果持续加仓。2021 年第四季度的伯克希尔·哈撒韦公司财报显示，苹果为巴菲特第一大重仓股，市值 1611.55 亿美元，约占整个伯克希尔·哈撒韦股票组合的 40% 以上。很多人没有想到这两点：其一，苹果如此大的体量，巴菲特依然敢于买入，且依然在过去几年缔造了市值翻数倍的神话。其二，伯克希尔·哈撒韦公司当前体量如此之大，按道理应该很难再实现重仓，毕竟几百亿的高成长企业已经很少了，巴菲特出手带来的股票抢购，可能让其很难悄无声息布局心仪的股票，而巴菲特依然通过重仓策略打了一场漂亮仗。

价值投资一定要集中，集中的自信来自对企业价值的自信和理性。如果我们知道未来 1 元钱可能会成为几百元、几千元，那么将这笔钱花在消费享乐上就会心痛。如果苹果公司的净资产收益率是 147%，那么我们为什么要将多余的钱投入另一只资产收益率只有 20% 的上市企业？当然，我们也会问，巴菲特为什么不是百分之百地全部投入到苹果公司。那是因为巴菲特还有一些状况良好、资产质量和苹果不相上下的优质投资。巴菲特的资产实在太庞大了，如果只买苹果会有很大的交易负担，因为当巴菲特开始增持的时候，其他投资者也会增持，这就导致他不能以合适的价格买入足够多的股票。

4. 在别人恐慌的时候贪婪

价值投资者不预测周期，但周期一直是价值投资者的朋友。大多数时候，资本市场的供需处于一种均衡状态，但有时候，情绪化的市场会突破股价的下限，缔造一个良好的买入机会，比如 1997 年亚洲金融危机、2000 年科网泡沫破灭、2008 年次贷危机和欧债危机、2020 年新冠导致美股五次熔断、2022 年中概股退市危机使得中概股股价极度便宜等。每隔几年，就有一次资本市场赏饭的机遇。我们不知道什么时候"天上掉馅饼"，但是在时间的长河中，我们知道等待必然会有结果。于是，在下跌伴随恐慌出现的时候，我们准备好等待暴风雨的来临。

在恐慌时候加仓，并不需要很高超的投资技巧。但唯一的遗憾是优质企业在市场暴跌的时候并没有跌得很深，这让贪心不足的价值投资者有点不满意。巴菲特从 1988 年开始买入可口可乐，而美股在 1987 年 10 月出现了一轮暴跌，当时的可口可乐也在相对低位，但仅仅比高位下跌了 2 成。同样地，巴菲特 2016 年买入苹果的时候，苹果正因为 2015 年业绩不佳导致公众对其领导人库克的广泛质疑，所以股价也出现了小幅度回调，也有人怀疑苹果将进入下行周期。巴菲特很好地利用了他人的恐慌，但也并非完全只依赖于"抓住恐慌"的投资方式。恐慌对于投资者来说可遇不可求，所以大多数价值投资者如果对优质股票当前的股价估值不满意，好办法是保存一定的现金实力，去等待这些企业的危机时刻，又或者等待宏观经济的危机时刻。

5. 现金流是价值投资者坚强的后盾

现金流包括两个层面：一个层面是投资者喜欢有现金流的上市企业。当市场极度便宜的时候，即使是傻子也能从资本市场找到机遇，诸如有些上市企业的股票，其现金的持有量甚至比市值还要高，这就意味着，如果买下这家企业，通过破产清算也可以赚到钱。当然，我们不鼓励这种投资方式。价值投资者更喜欢拥有充沛现金流的上市企业。现金流是上市企业资产中灵活性最高的资产。上市企业资产负债表中的资产，其流动性和变现能力从上到下逐步降低，往往现金和金融资产是一家上市企业最容易变现的资产，而存货就要打一些折扣，如果企业倒闭了，存货的价值可能只有不到 6 成。应收账款、长期应收账款、固定资产、无形资产这些资产的流动属性逐步降低。所以，对于一家上市企业，现金必定是多多益善的。

另一个层面是投资者自己要有充足的现金流。伯克希尔·哈撒韦公司的成功很难复制，因为其自身是一个保险企业。保险业有大量的浮存金，[①]所以保险企业手中一直存在充沛的现金流，截至2021年末，该企业仍手握 1440 亿美元。充足的现金是伯克希尔·哈撒韦投资策略的坚强后盾，其可以在资本市场上随意买卖心仪的股票，拥有较高的容错率，尤其是在市场萧条的时候，对于风险的恐惧往往促使投资者买更多的保险，尤其是长期理财属性的保险。所以巴菲特在熊市的时候拥有更多现金。

普通投资者该怎么办呢？理想的状况是利用收入产生的现金流进行循序渐进的投资，现金流不仅仅是普通投资者日常生活的保障，也

---

① 浮存金：保户向保险企业缴纳的保险金。

能够给其一个稳定的心理预期，避免因为缺钱而陷入情绪化，从而让投资行为变形。普通投资者在投资的时候需要保持自身现金流的健康，若投资者有一份稳定的收入，又恰巧发现了一家伟大的企业，则可以将这家企业当作自己的储蓄罐。普通投资者一定要避免杠杆，实际上可以将杠杆看作一种负现金流，杠杆会在未来带来还款压力，却并没有一家保险企业来实现现金循环。

6. 支配市场或者支配用户，寻找有护城河的股票

价值投资者希望企业的护城河越来越宽，那么什么才是企业的护城河？很多人认为企业的护城河是技术、是品牌、是产品质量、是规模、是团队人才。笔者认为价值投资主要的护城河有两条：一条是竞争壁垒，也就是相对于竞争对手的竞争优势，笔者称之为上市企业对市场的支配能力；另一条是强大品牌，拥有良好的口碑，产品具有用户黏性，笔者称之为上市企业对用户的支配能力。

比如苹果公司在应用商城上利用苹果支付进行抽佣，被称为“苹果税”，苹果手机对于用户具备支配能力，这种支配能力不只是因为苹果抓住了用户需求，还因为苹果用产品生态绑定了用户。苹果手机产品转换成本很高，很多用户将自己珍贵的照片存放于苹果云端，如果用户将苹果手机换成华为手机，他存储的照片、购买的应用都需要重新转移布置和购买。

现实中，大多数优秀的企业最终都会做到某个行业的第一名，之后这些企业也的确会通过加宽护城河的方式来巩固自身地位，这种加宽护城河可能是市场规模的进一步扩大，也可能是通过成瘾性来绑定用户，还可能是通过市场支配地位将小企业挤出市场。这里要强调一

点，支配能力中市场支配的内核其实是“垄断”，很多国家在“反垄断”，这给拥有护城河的企业带来了很大的不确定性。从投资的角度看，大多数情况下，“反垄断”的确会短期收窄护城河，但从长期看，除非是对企业实施分拆和行业禁入，否则一般的“反垄断”罚款不会对拥有“护城河”的企业造成太大的影响，这当然不是说企业会逃避法律，而是说这些企业已有的市场支配能力和用户支配能力是可以嫁接移植的。比如很多企业并不局限在单一的行业中，当前上市企业跨行业经营是常态，企业完全可以将在A行业的优势移植到B行业。比如苹果公司可能在未来生产苹果汽车，也很容易想象，未来在苹果汽车的中控台上，必然会有一个苹果商城，而用户会从苹果商城购买App，这些已购App又将成为绑定用户的重要砝码。循环往复，实际上优质企业重要的是经营模式，经营模式不仅仅要帮助企业获得用户支配能力和市场支配能力，且要可复制。

综上，如果说护城河就是“垄断”，那是过于偏执了，诸如巴菲特在收购企业的时候，一定会在尽职调查中添加“反垄断调查”，这是必然的。但护城河的本质和“垄断”非常类似，我们主观地称之为市场支配和用户支配的两种能力。

7. 所投行业没有天花板，或者上市企业能够冲破天花板

有一段时间，笔者曾研究过电视支架行业、自动晾衣架行业。实际上这些消费品在市场上都有表现很好的企业，但笔者最终还是放弃投资这类企业。原因很简单，虽然这些企业在自己所在行业领域表现很好，但是这些行业领域天花板太低，即使占有全部的市场份额，也是一笔很小的生意。所以，价值投资者要找大生意，而不是小生意。

当然，大生意和小生意有时候也是可以互相转变的。街边爆肚、豆汁也能日进斗金，但投资意义不大，因为规模太小，撑死了也就辐射 3 公里的食客；而肯德基、麦当劳、海底捞、喜茶等连锁店，并不注重细致的食谱差异化，而是一种标准化的模式。同样是餐饮，有人打开天花板，有人就一直守着街边摊档。当然，对于人生可能只是一种选择，守着摊档也是一种幸福。但是对于资本市场，我们大约只能看到可复制的模式，因为可复制说明市场足够大。

我们如何去观察行业天花板？一方面要看这个行业的潜力，假如上市企业获取 100% 的市场，上市企业会成长到多大的规模？此时，我们要注重可复制性。另一方面要看到企业的模式和能力。同样是小企业，有些通过模式可以改变行业态势。比如出租车是门小生意，网约车就是门大生意。所以，在观察企业所在行业的天花板的时候，我们要立足长远看问题。尤其是互联网时代到来之后，有些行业会不断创造奇迹。比如共享充电宝，这是一个本来认为天花板很低的行业，充个电才几元钱？但如今共享经济中唯独共享充电宝处在盈利的态势中，一个小小的充电宝受益于人们越来越严重的手机电量焦虑，也受益于人们越来越不愿意携带笨重的充电宝出门。未来，共享充电宝获得用户注册之后，可以将流量进行新的变现，广告或者金融都可以。

所以，行业天花板考验的是价值投资者的长期眼光，也是价值投资最重要的一个环节。

8. 上市企业的核心是人

投资股票的核心是企业，而企业的本质是人。价值投资者必须确信所投企业的管理层诚实勤勉、聪明能干，在这方面机构投资者往往在收购前通过尽职调查来了解，但普通投资者则需要更加全面地了解。

2016年，只用了28分钟，孙正义就敲定了一笔44亿美元的投资，投资对象是一家叫 WeWork 的众创空间企业。2020 年，WeWork 的创始人亚当·诺依曼（Adam Neumann）将软银告上法庭，索要约 10 亿美元分手费。2021 年 3 月，软银以接近 5 亿美元的成本达成和解协议，至此，软银在 WeWork 上的投资超过 200 亿美元，但截至 2022 年 2 月，WeWork 总市值不足 50 亿美元。很显然，28 分钟无法对一个人做出正确判断，孙正义的风投也和巴菲特的价值投资有本质区别，对于企业管理层了解不足是其单次投资失败的重要因素。在 A 股也不缺乏此类案例，我们见过很多夸夸其谈却在经营上毫无建树的管理层。

上市企业的核心是人，而在企业爆雷的时候，如果出现了管理层的诚信问题，最佳的处理方式就是规避。诚信问题是最核心的，管理层可能并非完人，比如私德上面存在瑕疵，比如对员工很严厉等，这些并不会损害企业经营。诚信则不然，诚信的问题往往会带来连锁反应，当诚信的第一张骨牌倒下，后方排列的也许是连绵无尽的多米诺骨牌。

9. 价值投资可以只看净资产收益率（ROE）

投资的判定指标很多，市盈率、市销率、市净率、用户留存、市场占有率、自由现金流等，但最核心的指标有且只有一个，那就是净资产收益率（ROE），公式为：净资产收益率 = 净利润 ×2/（本年期初净资产 + 本年期末净资产）。

价值投资者并不希望分红。价值投资者选择能够赚钱的企业，有一台“印钞机”就能终身吃穿不愁，而衡量这些企业赚钱能力的指标，就是净资产收益率。每个会计年度，上市企业都会有一笔赚到的钱，也就是净利润，净利润中一部分用来分红，另一部分用来滚动投资，扩大生产。高 ROE 往往意味着上市企业钱生钱的能力出众，投资者肯定希望上市企业的钱越来越多，希望企业将更多的净利润或者现金投入再生产当中，这就形成了滚动的复利。资本市场上并不都是复利企业，优质资产中也有单利企业，比如煤炭企业，某些年度其利润很好，诸如 2021 年电力短缺导致煤炭企业都发了大财，但是这些企业有了资金就应该用来分红，如果将资金再次投入煤炭行业可能会在未来造成损失。煤炭虽然是重要的能源，但是在国家碳达峰、碳中和的减排目标之下，未来煤炭使用必然会呈现逐步减少的态势。此时就应该将利润分了，留在企业可能会出现意外损失，而企业也不会利用这些钱去做积累。所以，煤炭企业往往是单利企业，虽然也是优质企业，但其不会通过净利润滚动投资来实现企业增长，没有复利效应。

所以，投资者要找的企业应该有较高的净资产收益率，且这类企业是复利企业，能够通过净利润实现发展。

10. 只有一部分人适合价值投资

即使是巴菲特也只能对整个市场中 5%~10% 的股票进行针对性分析。巴菲特错过了微软、亚马逊，也错过了比特币，因为他并不了解这些行业。即使价值投资者努力学习，其能力圈拓展速度也是很慢的。所以，价值投资者一生只能做有限的投资，在有限的行业领域中，选择有限的几家企业进行投资。对于一个普通人，在认知水平有限、资金更加有限的情况下，一生中做出的关键投资决策应该是很少的。如果一辈子只有10次投资机会，每一次投资机会都应该认真对待，具备足够信心之后才出手，而出手之后就不要后悔，等待两三年，哪怕下跌超过50%，只要对上市企业本身有信心，则不用担心。

有些人是不适合做价值投资的。比如情绪化的人缺少耐心，容易被市场上各种信息所诱导，在人工智能已经普遍进入市场的当下，这些人的所思所想被人工智能安排得明明白白。

那么如何才能看出自己是否适合价值投资呢？一般我们将市场上的投资者分为两类：一类是有耐心，适合静下心来分析企业的。这类投资者如果投资3~5年能够跑赢大盘指数，我们认为是适合价值投资的，他们可以通过深入学习价值投资来实现财富的指数级增长；另一类是没有耐心，又或者不想学习新的知识，每天疲于奔命的。他们的诉求并非在股市上博取利润，而是稳健地获取一笔养老金。那么他们的参考是指数基金，因为指数基金分散，且收费很低。基金是要收取手续费、佣金的，基金经理即使投资失败，这种方式也让他们旱涝保收，而大多数基金都无法和价值投资的巴菲特赛跑，所以一般认为没有必要付钱给基金经理。中国经济大方向一定是向上的，只要买入指数权重，就可以通过分散投资来稀释风险，也可以通过减少基金手续费和佣金的方式投资指数型基金。

实际上，被动投资指数基金并非价值投资，前文所述，价值投资者是集中投资者，但这的确是一种理性方便的投资方式，适合那些不想纠结于投资结果的投资者。当然，投资者也可以将资本给予真正的价值投资者，但这种投资模式，最好是一种共担风险的方式，而并非旱涝保收的抽佣。比如伯克希尔·哈撒韦实际上是保险企业，也是投资企业，赚到了钱以股东权益的方式体现，不会产生手续费和佣金，巴菲特和股东一荣俱荣、一损俱损。

强调投资者的自我认知很重要。很多人的投资失败起源于对自己的评价不够客观，有些“赌徒”明知道在赌桌上赢不了，还会前赴后继去博一把，不博个倾家荡产不算完。我们不建议赌徒进股市，也不希望因为投资而出现更多家庭悲剧。

（四）哪一种投资适合你

最好的不一定适合你，适合你的才是最好的。本书并非面向专业机构投资者，假如你是一个收入还算稳定，小有积蓄的普通人，你需要面临一些人生问题：

1. 是否需要进行股权投资

纵观我国的宏观经济史，名义通胀率大约在 5%，近几年随着经济体量增加和供给侧结构性改革，通胀率水平也在降低，通胀率同比稳定在 2%～3%，但偶然有年度出现极度通胀和极度通缩的情况。与通胀率相对应的，则是基准利率不断降低。2006 年年末央行贷款基准利率一年期为 6.12%，到 2015 年为 4.35%，如今贷款基准利率被贷款市场报价利率（LPR）代替，至 2022 年 2 月，LPR 一年期报价利率为 3.7%。宽松和通胀相辅相成，虽然我国在通胀率上已经控制得很好了，但货币长期宽松的态势并不会改变。与利率走低、通胀走高相对应的则是固定收益类投资产品的连年走低，理财、年金保险、企业债等收益率在3%~4%徘徊，不排除未来进一步走低的可能性。所以，普通人需要通过权益投资来为财富寻求“避风港”。因为：其一，通胀会侵蚀财富。其二，固定收益类投资的回报率长期看必然下滑。其三，低利率可能让上市企业赚钱更加简单，融资成本低未来会让权益资产溢价更高。所以投资者选择股权投资是必然的，实际上国家层面的养老基金和社保基金等也在谋求股权投资，因为光靠固定收益投资利息是无法跑赢通胀的，这一点国家层面的基金也不例外。

2. 适合哪一种投资

这个世界二八现象随处可见，也就是少部分人占据更多资源，投资尤其如是，投资和投机的本质就在于资源，包括信息、资本规模、认知水平（学识）等，而当你拥有其中一样优势，其他优势便会向你靠拢。风投和量化投资就是如此，其严重依赖资本规模，并以资本力量为纽带，拓展信息渠道，提升认知水平。钱对于投资者有时候是最没用的东西，信息、人脉、认知水平等，哪一样不比钱重要？就像《西虹市首富》里面的王多鱼，你没钱的时候，赚份工资都难；你有钱的时候，各种投资机遇纷至沓来。

现实中，大多数投资者还是普通人，信息、认知、资本规模等优势是不存在的，故而风险投资和量化投资对于普通投资者也是不适用的。例如风险投资的核心在于海投，需要资金量和投资渠道，投资几百个项目需要充沛的现金流，且为了长期持有需要投资者自身实现财富自由；量化投资的核心在于数学模型，需要投入算力、专业知识和一定的资金量，赚取阿尔法收益的投资者需要大量的专业知识，为了在高频交易中取得优势，很多量化投资基金需要最先进的计算机和人工智能作为交易辅助，如今的投行里，两个交易员后面就跟着 500 人的技术团队。

技术趋势投资倒是不需要很多的资源，因为技术趋势投资的本质是博弈，类似轮盘赌。在股市博弈的轮盘游戏里，可以将量化交易者看作庄家，将荷官看作交易所，他们抽佣，将技术趋势投资者看作寻常赌客。庄家赢大头，拥有概率优势，荷官旱涝保收，剩下的筹码由赌客中的“幸存者”获得。在这个低概率获胜的轮盘赌游戏中，偶尔的幸运可能会盈利，但长期来看，技术趋势投资者的盈利概率必定是负数。这个博弈游戏本身剩下的筹码很少，“大鱼”已经拿走了大部分，即使有很好的运气，普通投资者也只能得到一小部分。所以技术趋势投资并不适合大多数普通投资者，股市里充满诱惑，很多人沉迷其中，还抱怨说股市是赌场。恰恰相反，如果忽略了“股票是企业的一部分”这个本质，就很容易陷入“赌博”当中。改变股市环境的不是外部因素，而是投资者自己对于投资的认知和态度。

技术趋势投资的不适宜之处，还在于时代，A 股过去的确是可以通过技术趋势来进行短暂博弈的。曾有一个时期，我们都在交易大厅买卖股票，有人吼一嗓子整层楼都听得见，还真的能够让几个小股票走上一波行情。但现在完全不同了。有些游资想要组局，结果曲高和寡，一不小心把自己绕进去成了别人的猎物。频繁博弈的结果，最终一定会形成纳什均衡，也叫作囚徒困境，所以大多数资本市场从早期的博弈为主逐步转变为成熟期的价值投资为主，原因就在于博弈太过充分，达到了纳什均衡，又叫作非均衡合作均衡。这种均衡可以认为是：“我预判了你的预判，而你又预判了我预判了你的预判。”造成的后果可能是："韭菜"不长了，机构只能割机构的韭菜，于是割了个旗鼓相当，最后都做了肥料，为市场贡献交易佣金和税收。

3. 要投资基金吗

美股的散户在2020年年底到2021年年初曾有过一次胜利，这次胜利的主角是散户，配角是一家游戏销售企业GameStop（游戏驿站，美股GME）。在此之前，电影《大空头》中角色原型的投资者Michael Burry看好GME，认为其现金充裕。宠物食品投资者Ryan Cohen也看好这家企业。但华尔街对冲基金并不看好GME，GME属于一家线下游戏销售企业，随着游戏行业向线上发展，游戏卡带逐渐被亚马逊占据，而游戏数字化进一步压缩了游戏卡带的需求，线下游戏销售的确不符合当前科技发展的大趋势。所以香橼等机构做空GME。但此时出现了两个变数：一个变数是香橼在看空GME的同时嘲笑散户投资者，认为他们是"冤大头"；另一个变数是有人发现到2020年年底，GME的做空股数是流通盘的138%。类似于国内的融券业务，做空是借股还股，如果股票上涨，做空机构可以追加保证金，但借入股票是有期限的，如果期限到来之前没有人卖出股票，那么这些做空机构必须支付高额的资金来买入平仓。通过这个简单的原理，散户投资者通过论坛Reddit进行传播和集结，买入股票并号召不要卖出。2020年10月GME股价在10美元/股左右，到了2021年1月初在20美元/股左右，到了2021年1月28日，GME股价瞬间拉高到483美元/股。为了买入股票平仓的机构投资者遭遇了重大亏损。

很显然，机构投资者拥有资本量、信息渠道和算力支持，无论是风险投资还是量化交易，机构投资者都得心应手，在博弈方面的成功概率比普通投资者更高。但机构投资者存在的最大的问题就是基金经理“旱涝保收”，基金经理大部分都不用为亏损负责，无论是牛市还是熊市，基金持有人都要给基金经理付钱。正是因为缺乏惩戒机制，很多基金经理会追求更高风险。大家都知道，高风险代表高收益，如果高收益实现，那么基金经理飞黄腾达，成为明星基金经理。如果颗粒无收，那么基金经理照样可以收取基金管理费，安度人生。

所以，我们在前文的第 10 条价值投资原则里强调，投资者大概有三条路：其一，投资低佣金、被动投资、指数型的基金，主要是分散投资更加省心。其二，股权式地投资企业。股权不会收取佣金和管理费，如巴菲特与伯克希尔·哈撒韦，一荣俱荣、一损俱损。其三，自己投资，好好干，价值投资坚持到底。笔者不赞同投资者将资金交给一些不负责任的基金经理，全球投资机构疯狂做空，高杠杆对冲的投资模式在散户和机构的“GME 多空对决”中体现得淋漓尽致。做空是有很大风险的，但机构拿着投资者的钱并不在意这些风险。因为赢了是基金经理的，输了是广大投资者的。这个世界没有如此不公平的游戏，而在金融领域却堂而皇之地存在。

所以，哪一种投资适合你？既然你已经在阅读本书了，那么当然是自己学会投资。

三、投资者的圣杯——“捡烟蒂”和“成长股”

什么是价值投资？真正的价值投资是以合理的价格买入伟大的企业。价值投资的方式也分为两种，一种称为“捡烟蒂”投资，是格雷厄姆和巴菲特早年使用的投资方式，以极其便宜的价格买入普通的企业；另一种称为“成长股”投资，其本质是以合理的价格买入伟大的企业。

很多价值投资者不会把“捡烟蒂”投资归入价值投资当中，但实际上“捡烟蒂”是一个特定历史时期的价值投资方式，是有一定历史背景的。价值投资并不是格雷厄姆和巴菲特的灵机一动，而是针对他们所属年代的投资方式。为了让大家更好地理解价值投资的理念和逻辑本质，我们将以美股为蓝本，讲述价值投资是怎么来的，也讲述价值投资理念是如何演化的。有一句话说得好：“历史不会重复，但总是很押韵。”我们从金融史的“韵脚”里，去发现投资的规律，找寻投资者的圣杯。

（一）以史为镜——价值投资简史

为什么不谈 A 股的历史？因为 A 股较为短暂，很多 A 股的投资者尚未形成稳定的投资方式，尚未到总结的时候。所以，我们探讨投资历史的时候，还是以华尔街作为蓝本。纵观金融史，笔者将美股的发展划分为四个阶段：

1. 第一阶段：趋势投资者主导的利弗莫尔阶段

在 20 世纪二三十年代，《股票大作手回忆录》无疑是当时美股的真实写照，那时全球资本市场都处于信息技术萌芽阶段。股票交易效率很低，信息不对称很普遍，交易所的交易达成基本靠喊，重要市场信息往往要几天后才能见诸报端，而到投资者那里又要延误一段时间。

信息不对称普遍存在时，技术趋势必然占据投资主流，我们在前文说过这个问题，当信息不对称的时候，人们就用技术K线指标来脑补。获取信息更快的投资者就会割信息滞后投资者的“韭菜”，但在那个年代，信息不对称状况反而是一种公平，小股东不知道发生了什么，大股东也一样，当时投资领域非常热衷于讨论一种“擦鞋童理论”，也就是“当擦鞋童都在讨论股票投资的时候，就是股市交易达到最高峰之时，之后就会下跌”。这种理论看似很合理，但其实是因为信息传播太慢，很多投资者只能通过旁敲侧击来获取有用的信息。

此时技术趋势投资是有效的，在某种意义上说还是一种科学的投资方法，虽然技术趋势投资起源于“快思考”“直觉”“认识偏差”，但是技术趋势投资能够促使投资者在同一时间集中买入。比如通过对一个技术指标的分析，在趋势投资者之间达成共识，在同一时间买入同一股票，推高股价。这种模式更像是击鼓传花，但的确会有赢家，比如利弗莫尔。早年我国的A股实际上也有这个阶段，那时候大家在证券交易大厅里，买股票和买菜差不多，有时候有人会在交易所鼓动大家集中买一只股票，从而推动行情，来一轮击鼓传花的游戏。这里的关键在于早于他人买入，先于他人卖出。

美股在20世纪30年代进入大萧条，由于投机的本质是博弈，博弈的本质是“他失去的将是你得到的”，所以实际上当“击鼓传花”的鼓点停止，投机缔造的泡沫终会破裂，故而技术趋势投资也是美国大萧条出现的主要原因之一。当大萧条来临，社会中总财富数量急剧减少，股票市场池子里面的“水位降低”，“裸泳者”就出现了。博弈者的赢面越来越低，最后走向消亡。如利弗莫尔，虽然在市场下跌早期通过做空获得了短暂的成功，但最终市场环境的改变也让其退出股市。

技术趋势投资至今存在，如道氏、江恩、蜡烛图等理论大多数盛行在利弗莫尔所处的时代，因为当时信息不对称，大家通过股价来逆向推导资本市场规律。当然，技术趋势投资也在与时俱进，诸如20世纪80年代开始活跃的索罗斯也是趋势投资者，但他已经不太依赖技术知识，而是依赖宏观周期。比如利用经济学中的“不可能三角”去找寻金融市场的弱点。同样地，以 α 策略为主的量化投资也越来越普遍，这种方法更多关注宏观因素而非行业，相比于早年的技术趋势投资，不再是一种猜测，而是一种风险量化。此时对冲基金经理往往很难战胜价值投资者，原因是他们会把简单的问题复杂化。

2. 第二阶段：格雷厄姆“捡烟蒂”阶段

格雷厄姆是巴菲特的老师，但是在投资上，格雷厄姆有过惨痛的教训。1929年，意气风发的格雷厄姆因为股市泡沫，企业资产达到250万美元，风光无限。1932年，格雷厄姆共同账户亏损了70%，企业资产只剩下75万美元，濒临破产。1929—1932年，格雷厄姆不停抄底，结果越抄底亏得越多。

20世纪30年代美股大萧条旷日持久，且在大萧条之后第二次世界大战紧随而至，投资者对市场下跌的恐惧迟迟不能消散。格雷厄姆总结经验教训，认为自己在抄底的时候没有关注企业价值，于是提出了“价值投资”，此时价值投资的核心是“捡烟蒂”。格雷厄姆对股票估值十分谨慎，其追求的股息率往往高达10%。而且，格雷厄姆投资的主要目标不是股票，而是债券。

“捡烟蒂”的投资方式非常简单，主要从两个角度去看：

一个角度是清算价值，或者称营运资本①。上市企业财务信息由资产、负债和股东权益组成，资产 - 负债 = 所有者权益。清算价值是指一家企业如果明天就要倒闭，其资产变现归还了债主负债之后，还能给股东剩下多少钱。在计算清算价值的时候，现金一定是百分之百可以用来偿付债主和股东的，但是存货、应收账款、固定资产等的价值就要打折了，所以，在计算清算价值的时候，这些其他资产会以一定比例确定价值。巴菲特将这些投资归入套利类，买入这些企业就是为了等其破产清算，或者重整企业业务再包装后赚上一笔。20 世纪三四十年代是遍地低估股票的年代。当时买入一家低估的企业，拆成零件卖依然能够大赚一笔。

另一个角度是安全边际。如果买入一家企业不是为了立刻破产清算，那么这家企业的估值要很低很低，这个估值是通过股息率来判定的，比如股息率高于 10%。这部分股票称为低估值股票。格雷厄姆的思考逻辑是，股票的风险高于债券，因为股东是剩余价值，在破产的时候偿还顺位在最后一位，所以股票应该有比债券更高的收益率，也就是更低的购买价格，并以此形成安全边际。比如债券的收益率是 8%，100 元债券一年赚 8 元；那么股票的股息率就要高于债券的收益率，比如 100 元股票一年赚 10 元。如果 100 元股票下跌到 90 元，那么 10 元的价格下跌就是安全边际。当然，对于安全边际的解释还有很多角度，关键就两个字——“便宜”。

无论是低估类投资还是套利类投资，本质都是“捡烟蒂”，核心

① 营运资本：巴菲特的营运资本和课本上的营运资金概念不同，传统营运资本为流动资产减去流动负债，巴菲特对流动资产进行重估，其中也包括非流动资产的变现能力。所以，更类似于清算价值。

就是价格远低于内在价值。但“捡烟蒂”一般不考虑企业所处的行业状况，烟蒂的意思就是已经被吸光的香烟，除了便宜一无是处。

3. 第三阶段：查理·芒格和费雪的成长股投资

分水岭在20世纪70年代，巴菲特在此之前把大部分精力花在“捡烟蒂”上面，他的起点是1950年，当“二战”硝烟散去、新世界格局产生时，的确是一个绝佳的抄底时机。所以巴菲特早期投资的成功不能完全归结于投资能力，他的确遇到了好“天时”。

几件事促使巴菲特发生了改变：

第一件，巴菲特利用“捡烟蒂”的投资方式买入了伯克希尔·哈撒韦公司，且遭遇惨败。伯克希尔·哈撒韦是纺织股，1962年，这家企业股价是7.5美元。这是典型的“烟蒂股”，巴菲特想要买入进行套利。结果纺织业的态势一泻千里，这已经是个夕阳产业，到1970年这家企业的收益只有4.5万美元。

第二件，巴菲特遇到了查理·芒格，并通过查理·芒格开始关注成长股投资，也从早期的“低价捡烟蒂”过渡为“以合适的价格买入一家伟大企业的股票”。在评估一家企业业绩的时候，巴菲特的方式也从原先的清算价值、营运资本，转变为未来自由现金流量现值。

第三件，巴菲特在1969年认为股价过高，从而解散了合伙人企业。巴菲特解散合伙人企业取得了较好的结果，1973—1974年，美国出现了经济萧条。造成这轮萧条的因素很多，比如水门事件，比如第一次石油危机。1973—1975年，伯克希尔·哈撒韦市值波动分别是：-2.5%、-48.7%、2%；账面价值波动分别是：4.7%、5.5%、

21.9%。[①] 当时芒格还没有和巴菲特完全绑定，其 1973—1975 年的投资收益波动分别是：–31.9%、–31.5%、73.2%。[②] 芒格投资波动性比巴菲特更高。巴菲特通过解散合伙人企业，躲过了一轮经济危机，但便宜股票的时代实际上已经逐渐消失。1980 年，美国通过了《拜杜法案》，政府和学校的专利可以自由买卖，伴随着对 AT&T 的分拆和 IBM 的反垄断，科技创新成为美国经济发展的主要驱动力。成长股逐渐取代低价股成为美股的主流，市场上的科技股增加，其市盈率也不能再以"捡烟蒂"的方式来判断。比如英特尔这样的企业，其核心的财富当然不是设备和厂房，而是一群拥有智慧的人才和一些拥有知识产权的专利发明。此时如果巴菲特继续用"捡烟蒂"的方式投资就会错过美股的转型，尤其是美股中纳斯达克权重股开始有所表现。当然，巴菲特的成长股概念依然局限于消费股，而非真正的互联网概念股，这既有稳健的考虑，也有其所处年代的因素。

4. 互联网风投时代

2001 年科网泡沫破灭以后，大量互联网平台企业绝处逢生获得成功，最终造就了很多风险投资神话。风险投资有潜在的价值投资属性，二者都奉行长期主义。风险投资主要针对一级市场，也就是企业 IPO 之前，但近几年也在向二级市场延伸。诸如孙正义和方舟投资的"木头姐"[③]，有人称他们是现代版的巴菲特，但实际上他们和巴菲特的

① 数据来源：《巴菲特致股东的信》。

② 数据来源：《穷查理宝典：查理·芒格的智慧箴言录》。

③ 木头姐：凯瑟琳·伍德（Cathie Wood），ARK Invest（方舟投资）创始人，有"女版巴菲特"之称，国内投资者称其为"木头姐"。

投资方式有很大区别。风险投资是有很大波动性的投资，遵循“9 赔 1 赚”的基本法则，其风险投资介入行业的时候往往是行业的概念导入期，因为概念期往往存在一定的泡沫。诸如 AI、VR、元宇宙、脑机接口等的确是被看好的行业，但是这些行业未来会有很大的起伏，这就使得风险投资的投资业绩也会同步有较大的起伏。比如孙正义在 WeWork[①] 和 Uber 投资上损失惨重，但也在其他一些投资中赚得盆满钵满，比如阿里巴巴。

巴菲特曾在 1999 年讲笑话讽刺过风险投资：一群石油勘探商死后去见上帝，上帝告诉石油勘探商们天堂位置不够。结果有个石油勘探商灵机一动：“地狱有石油。”于是所有石油勘探商都去地狱了。上帝说：“你真聪明，那你进天堂吧。”结果石油勘探商说：“不，我想我还是跟他们一起去地狱吧，毕竟，空穴不来风啊。”虚伪概念很容易在风险投资那里领到钱，即使他们知道是空穴来风，但到了最后连风险投资人自己都会选择相信这些故事。很多风险投资人不需要行业洞察力。风险投资的关键在于有充沛的资本和广泛的社会人脉，大多数时候风险投资以一种“组局”的方式开始。风险投资有时候也具备一定的侵略性，会给创业者一个“无法拒绝的理由”：“要么接受我的投资，要么我投资你的竞争对手。”

在这个过程中，巴菲特和芒格的投资理念依然十分保守，2016 年巴菲特投资苹果公司，但 2016 年的苹果和 2006 年的苹果完全不同，2016 年的苹果已经趋于成熟。巴菲特和芒格对风险投资的看法没有变，选择买入的阶段也和风险投资完全不同。

---

① WeWork：一家专注于众创空间的互联网企业。

投资保守可能是因为巴菲特和芒格年岁渐长，虽然他们依然很努力，但学习能力总体受限，伯克希尔·哈撒韦公司的重点越来越集中于接班人的讨论，2022 年，伯克希尔·哈撒韦的股东正在盘算着将巴菲特请出企业。

投资保守也是因为价值投资和风险投资依然存在投资理念上的差距。价值投资的大原则是追求确定性，宁愿失去一些投资机遇，也要牢牢把握确定性机会，弱水三千，只取一瓢。我们不能奢望什么机遇都不错过，实际上大多数时候“有舍才有得”，又或者“弃子争先”。价值投资者也要看到，风险投资的成功也并非完全因为科技发展，实际上在过去 20 年，各国央行为了应对经济发展瓶颈问题，纷纷降低了利率。在全球前五的货币中，美元、欧元、英镑、日元等对应的央行利率都接近“零利率”，这种“零利率”并不是正常的利率水平，极度宽松的央行政策的确让投资者胆子更大，疯狂拥抱风险资产，但这种态势会不会结束？谁也不好说。巴菲特主导的价值投资依然可以跨越牛熊，比如可口可乐，从来不会因为经济萧条而出现业绩下滑。

相对于拥有大量资本和人脉的风险投资者，价值投资者依然要守住本心。追求风险的方式并没有错，只是这种选择的容错率太低，对于普通投资者，依然要将“防范风险”放在第一位，价值投资是掌控未来，而不是将未来完全托付给概率。

综上，趋势投资、低估值的“捡烟蒂”、看好企业未来的成长股投资、大起大落的风险投资，这些投资方式并行共存。如今依然有人在用百岁高龄的蜡烛图来解读资本市场，依然有人相信预测未来经济走向可以获得超额收益。有些人因为“幸存者偏差[①]”而获得意外之财，继而把错误的投资方式奉为圭臬。有人数十年追随价值投资理念却依然穿凿附会、摇摆不定。

真正的价值投资，只有“捡烟蒂”投资和成长股投资。买股票是买入上市企业的一部分，而技术趋势投资和量化投资抛开了这种本质去追求博弈的胜败。风险投资忽略了价值投资的核心要点，那就是跨越周期和规避不确定性。如今“捡烟蒂”的投资方式可能并不是很适用，但是经济危机总是不定期侵扰全球，所以“捡烟蒂”在未来也未必一无是处，而我们最应该关注的，是跨越周期的成长股投资。

（二）估值系统：何谓合适价格

价值投资的本质就是以合适的价格买入伟大的企业。所以价值投资的所有问题其实是两个问题：何谓合适的价格？何谓伟大的企业？本书将在后文大篇幅讨论“伟大的企业”，而估值问题则放在第一章来探讨。

价值投资的估值有两个先决条件：其一，投资者获取上市企业信息的能力；其二，投资者分析信息的能力。很显然，普通投资者很难像巴菲特那样决策，巴菲特可以和上市企业 CEO 共进晚餐，CEO 还要倒贴钱给他，因为巴菲特对于上市企业来说存在额外价值，他的声望就能够带来很多跟风投资者。而普通投资者即使在股东大会上，董秘都未必愿意“搭理”你。哪怕你的持股超过了 10%，企业管理层也仅仅是在答复的时候客气一点，做一点表面功课。

① 幸存者偏差：是优胜劣汰之后的自然选择，未幸存者已无法发声。也就是说，我们只能看到成功者，而不能看到失败者，从而片面以为某个领域很容易成功。

普通投资者怎么办？一种方式是简化股票估值系统。这种简化有时候并不是很讲道理，我们只需要一个价值的参照，不管这个参照是否符合逻辑，要承认市场的信息从一开始就是不充分的。只要估值从我们的标准看不是很离谱，就果断出手。继而通过分批加仓来纠偏，提高估值判断的容错率。另一种方式是学个“神似”。比如通过自由现金流贴现估值法（Discounted Cash Flow，DCF）来进行估值，通过设定折现率、自由现金流预期增长率等方式来计算评估某家企业当下的价值。DCF 模型估值更像正规军，但其必然附带很多变量，每一个变量的精准偏差最终也会累积出巨大的偏差，为了缩小这些偏差，价值投资者一方面更加倾向于业务单一的上市企业，另一方面需要深入了解上市企业所处行业和上市企业的业务能力。说白了，估值也是基于信息量的，抛开行业定性分析来做定量估值，是不现实的。

关于股票估值系统，笔者总结了如下几种重要方法：

1. 简易的市盈率估值法

首先需要调整报表市盈率，这需要很多行业知识和财务知识。诸如巴菲特很了解保险业，他知道有些保险浮存金是可以算作利润的，因为这些保险虽然收了钱，但赔付的概率很低。

同样地，对于净利润，净利润 = 扣非净利润 + 非经常性收益（或 – 非经常性损失）。对于非经常性收益要考虑从净利润中剔除，对于非经常性损失则要考虑保留在净利润当中，也就是要考虑净利润和扣非净利润孰低原则。这里考虑到非经常性损失对于企业可能存在进一步的负面影响，说明企业经营者投资决策能力存在一些问题，所以一定要在利润中考虑损失。非经常性收益往往是一锤子买卖，未来不能重复获取，所以要剔除偶然性的盈余。

对于研发投入，要判断这家企业是以研发费用化为主还是以研发资本化为主。对于研发费用化的股票可以采取更加积极的态度，比如在净利润中把费用化的研发费用加回去一部分，因为研发是对未来投资，研发费用化实际上隐藏了一些利润；对于研发资本化的股票要小心，上市企业有可能将研发费用当成资产来夸大上市企业盈利。

对于应收账款和存货，要确保坏账和存货减值被充分计提，如果没有充分计提，那么应该在净利润中扣除需要计提的减值金额，减值金额也是出于对企业经营状况的理解。

我们不能穷尽叙述所有的净利润调整问题，但投资者应该基于对行业和企业的理解对净利润进行调整，大原则就是两个字：“审慎”。市盈率是市值除以调整后的净利润，价值投资中合理的市盈率大约在15倍，这个数值很明确却又不是很讲道理。在这种估值方法看来，企业发展经常是静态的，股权投资收益要和债券投资收益去对比，而15倍市盈率股票大约相当于6.67%（100/15）利息率的债券。很显然，股票比债券的风险更大，所以股票也应该有高于债券利息率的收益率水平。很多人认为这个市盈率定得过于保守，但实际上有些投资就是这么简单。比如白酒股，在港股通开通前很长一段时间，很多白酒股都是10多倍的市盈率。2016年巴菲特买苹果公司的时候，苹果也是10多倍的市盈率。2022年年初，随着互联网整治运动的推进，很多业绩良好的互联网企业在港股也进入了10~20倍市盈率行列。投资如果能坚持原则，选择了正确的股票，并有足够的耐心，那么以此为标准并无不可。

格雷厄姆也提出了一个公式：

V（股票价值）=*EPS*（每股净利润）×［8.5+2*G*（预期年增长率）×100］

这个估值方式相对简单，但实际上它已经有点类似于后一种简易的估值体系，也就是 PEG 估值体系。

2. 成长股的简易估值体系：PEG

彼得·林奇也是投资界的传奇人物，从 1977 年到 1990 年，其掌管的基金增值了 36.39 倍，其在投资上面比较简单的一个估值体系就是 *PEG*=1 的原则。

PEG=*PE*（市盈率）/ 企业年盈利增长率 ×100

公式很简单，通过企业历史报表，预判出未来 3~5 年这家上市企业的年盈利增长率，然后乘以 100 就是这家企业合理的市盈率。比如一家企业未来 3~5 年的盈利增长率为 20%，那么当这家企业市盈率低于 20 倍的时候，则是买入股票的好时机。吉姆·斯莱特是 PEG 投资方法的提出者，但是他 1975 年破产了，彼得·林奇很好地挖掘了这种简单实用的投资法则。这个方法的好处就在于，投资者可以将注意力更多地放在对未来企业年盈利增长率的预判上，并通过对企业各种信息元素进行整合，量化出合理的未来盈利增长率。

3. 成长股的核心估值方式：DCF 估值

DCF 是一种估值方式，但请注意，外部投资者对于 DCF 只能做到毛估，很多数据完全精准是做不到的，其在获取 DCF 数据的时候，也会寻求权宜的办法。这里的影响因素很多：其一，DCF 本身要结合企业定性分析，如果光靠一个估值就能够判定一家上市企业，那么投资也太简单了。其二，大多数投资者是外部投资者。也就是我们在获取上市企业财务信息的时候往往并非完整获取，很多内部财务人员其实是将财务报表先变形为管理用财务报表，比如货币资金，管理用财务报表将其一部分归入经营现金，另一部分归入金融资产，而外部投资者只能获取一个货币资金的统一指标。

即便如此，DCF 依然是有意义的，因为它给了我们一个参照。考虑到 DCF 存在一些瑕疵，投资者还是可以参考前文所述简易方式来估值。DCF 估值公式为：

$$v=\sum_{t=1}^{\infty}\frac{D_t}{(1+k)^t}$$

计算未来现金流量现值需要知道增长率、折现率、当年的自由现金流。假设这家企业今年赚了 100 元，如果一年增长率为 10%，那么明年赚 110 元。反过来说，如果一年后这家企业赚 110 元是确定的，那么现在值多少钱？如果长期国债的收益率是 5%，那么应该是 110/（1+5%），约为 104.76 元。DCF 就是预测出未来数年的现金流，然后一年一年折现到当下。但大家也要考虑到，一家企业 5 年的业绩增长还是可见的，5 年以后的增长谁也无法预期。于是就在 5 年以后设置一个低增长率，形成一个永续年金。

整个 DCF 估值需要知道几个数字：5 年内预测期增长率、第 6 年以后稳定期增长率、折现率（预期报酬率）、基期的自由现金流。我们以贵州茅台为例，来示范一下 DCF 估值方式：

（1）毛估 2021 年贵州茅台自由现金流。

自由现金流可以用三个公式计算：

自由现金流 = 经营活动产生的现金流净额 – 资本支出

自由现金流 = 净利润 + 折旧 + 摊销 − 资本支出 − 营运资本增加

自由现金流 = 息税前利润 − 税金 + 折旧与摊销 − 资本支出 − 营运资本增加

以上三个公式中，都有一个资本支出，资本支出的计算公式是：

资本支出 = 净经营长期资产增加 + 折旧 + 摊销，但净经营长期资产实际上不是年报报送的范围，它来自企业内部的“管理用财务报表”，所以对于普通投资者来说获取难度较大。于是资本支出还有另外一种较为简便的计算方式：资本支出是购建固定、无形、其他长期资产所支付的现金①。

2021 年贵州茅台经营活动产生的现金流净额约为 640.29 亿元。2021 年贵州茅台购建固定、无形、其他长期资产所支付的现金约为 34.09 亿元，毛估自由现金流为 606.2 亿元。

（2）贵州茅台的预期收益率——折现率。

在资本市场，风险越大，收益越大。一笔投资我们将收益率分成两个部分，一部分是无风险利率，这是买所有股票都要达到的收益水平，一般我们把长期国债的年收益率看作无风险利率，中国 30 年到期的国债收益率在 2022 年上半年大约为 3.5%，10 年到期的国债大约为 3%，大致判定 3% 可以作为无风险利率。如果我们要比较 A 股和 B 股谁更有价值，那么折现率就用 3%，不用再去思考其他的内容，但在计算自由现金流量折现率做股票估值的时候，还要在无风险利率

① 资本支出计算中，有人认为应该加上处置固定、无形、其他长期资产而收回的现金净额，考虑到这个数值金额往往微不足道，而资本支出又是纯粹支出的概念，所以可以忽略。如果设备、专利清算价值很高，则需要考虑。也有人提出资本支出应该是投资活动现金流出的总额，包括一些短期投资和长期投资的开支，但很多短期投资实际上变现能力很强，等同现金，所以不应该从自由现金流中扣除投资活动现金流出的总额，而应该是单项。

之上叠加风险溢价。

风险溢价要计算 β 值，β 值可以简单理解为个股相对于大盘的波动性，如果大盘上涨10%，个股上涨12%，那么 β 值为1.2，当然，这是一个粗糙的理解，β 值正确的计算是证券 α 的收益与市场收益的协方差除以市场收益的方差，这些数据都来自交易软件的统计，但很多交易软件会直接给出 β 值，比如贵州茅台的 β 值在同花顺中是1.01，但有可能各个交易软件数据之间存在偏差，这也可以看出贵州茅台和大盘整体收益基本同步。

如果无风险利率是3%，β 值为1.2，市场整体收益率为10%，那么期望收益率也就是折现率为：3%+1.2×（10%–3%）=11.4%。

我们可以毛估一下，A 股尤其是上证指数的确在点位上表现不佳，很多人说徘徊10多年还是3000点，但实际上A股的收益率是存在的，一方面是分红，另一方面是股票底部的抬升。比如2005年上证指数的最低点是998，2022年上半年上证指数在3000点左右，这里我们将其转变为一道数学题，将起点定在1000点，终点定在3000点，年份是17年：

$1000\times(1+增长率)^{17}=3000$，增长率 =6.68%

在分红方面：A 股股息率为0.58%~3.95%，所以一般是2%的股息回报，叠加股价增长，市场整体收益率在8%~9%，由于贵州茅台的 β 值是1，所以我们大致可以确定贵州茅台的折现率应该是9%。当然，我们对于折现率的预估也是一种毛估，但大致差不多。

（3）计算贵州茅台历史上自由现金流量的预测期增长率。

预测期增长率有很多种观察方法，懒惰的方法是打开各个研报的未来业绩估计，取研报预估增长率的平均值。如果要计算，可以通过以下公式进行：

增长率 = 净资产收益率 ×（1– 分红比例）

这个公式很好理解，如果今年赚了 10 元，净资产收益率为 40%，而分红是 20%，那么赚的 10 元里面有 8 元留下来，明年这 8 元乘以 40% 也就是 3.2 元，业绩增长率是 32%。所以，有人在预测未来企业增长率时，先统计 10 年以上的净资产收益率，然后取一个平均值，再计算 10 年的分红比例，取一个平均值，最终得出一个预测期增长率。

（4）稳定期增长率确定。

以贵州茅台为例，预测期增长率考虑 2022—2026 年，但这 5 年之后，贵州茅台依然能够稳健地赚取利润，只是增长速度可能不再有这么高，市场总会有饱和的那一天，所以稳定期的增长率是一种很随性的判断，基于我们对企业的了解，判断未来它的瓶颈期应该是多少增速。这里也不过多解释，我们预估其第 6 年也就是 2027 年开始，自由现金流将以 5% 的增长率增长。如果 1~5 年按照 20% 的增长率递增，大约到 2026 年，贵州茅台的自由现金流量应该是 1508.42 亿元。

对于永续递增年金，有一个计算公式：

永续递增年金（PVA）=CF/（i–g）

其中 CF 是第 6 年的自由现金流，i 是折现率，g 是永续增长率。比如贵州茅台 2026 年的自由现金流是 1508.42 亿元，折现率是 9%，增长率是 5%。那么：

永续递增年金折现到 2026 年的现值 =1508.42 ×（1+5%）/（9%–5%）≈39596.03（亿元）

请注意，这个数值还要折现到 2021 年才能作为估值。

（5）自由现金流量折现。

2022—2026 年按年折现，而 2027 年以后的永续递增年金也折现到 2021 年，为了方便大家观察计算过程，笔者列了一个表（见表 1–1）。

表 1–1　贵州茅台 DCF 估值表

年份	2021	2022	2023	2024	2025	2026	2027	…
期数	0	1	2	3	4	5	6	…
增长率		20%	20%	20%	20%	20%	5%	
现金流（亿元）	606.2	727.44	872.93	1047.52	1257.02	1508.42		
折现率		9%	9%	9%	9%	9%	9%	
现值（亿元）	606.2	667.38	734.73	808.88	890.50	980.37		
永续期现金流（亿元）	1508.42×（1+5%）/（9%–5%）					39596.03		
永续期折现（亿元）	39596.03/（1+9%）^{5}					25734.70		
当前价值（亿元）	30422.76							

由表 1–1 可知，自由现金流现值为 30422.76 亿元，当前贵州茅台的债务价值可以从资产负债表的账面来大致判断，约为 582.11 亿元，减去这部分债权人的价值，剩余 29840.65 亿元的股权价值，而贵州茅台总股本为 12.56 亿元，那么其每股价值约为 2375.85 元，这里提醒读者，我们为了简化计算过程，将很多数据进行了近似处理和简化处理，所以这个估值仅供参考。这里最大的疑虑其实是在未来 5 年贵州茅台是否能够保持 20% 的高增长，2021 年，贵州茅台净利润增长率为 12.34%，这让投资者认为其业绩可能已达天花板。笔者认为天花板应该还没有到，至于为什么，我们其后会继续探讨。此处仅以贵州茅台举例来让读者了解 DCF 估值的方法。

第二章

大消费

——史上千倍股集中地

确切地说价值投资中的成长股投资方式是本书介绍的核心投资方式，虽然我们找寻的是百倍千倍的消费股，但我们依然需要从价值投资的角度去看待消费股投资。周期投资者也投资消费股，比如有人认为通胀早期的消费股将有较好的收益，也有人认为消费股可以成为熊市最佳的避险防御板块。他们虽然也看好消费股，但只是将消费股作为一种工具，而不是将消费股当作“印钞机”。我们要找的是消费股中的印钞机，那种能够给我们长期创造财富的，不仅跨越牛熊，还能缔造全新财富神话的股票。

一、拉动经济一马当先——消费引领中国经济

“以合理的价格买入伟大企业的一部分”，一句话概括了价值投资。但怎么才能找到这些伟大企业呢？去有鱼的池塘抓鱼，去有金子的土地淘金，去有牛股的行业投资，道理简单而统一。消费领域是当前牛股最为集中的领域。中国消费股具有巨大的潜力。

（一）出口：从贸易顺差到贸易平衡

我国将在未来成为一个消费主导的国家，因为我们很可能放弃出口顺差。我国老百姓好储蓄，贸易上也保持多年顺差，这些顺差给经济带来了繁荣，但也带来了外部摩擦。未来，我国将逐渐从出口顺差转向进出口平衡，甚至实现贸易逆差。为什么要主动寻求贸易逆差，理由有三：

第一，赚钱必然招来嫉妒。当前我们面对比较严峻的外部竞争环境，贸易摩擦不断，这让我们越来越着重发展国内消费市场，新冠肺炎疫情期间虽然因为全球供应链“断档”给我国出口带来了新的机遇，但疫情之后呢？很多问题最终还是需要解决，而解决这些问题的根本在于振兴国内市场，尤其是消费市场。

第二，出口顺差虽然符合重商主义的理论偏好，但出口顺差换个角度也意味着资源的流出。美国人用美元购买了中国的资源，贸易顺差本质上是一种资源的外流，而资源的外流换来的只是一种信用凭证——美元。从长期看，我们需要改变这种情况。

第三，贸易逆差或者说贸易平衡是有好处的，比如推动人民币国际化。人民币如今占全球流通结算的比重依然不高，因为我国一直在赚全世界的钱，其他国家手中没有人民币，所以适当让全球其他国家赚取一些人民币有利于提升人民币的国际地位，用人民币这种信用凭证购买他国资源、知识产权等也将使我国获益。很多人把事情搞反了，认为美国能够高额逆差是因为美元是世界货币，但实际上反过来思考，正因为美国高逆差，大家都在赚美国的钱，所以大家手里才有美元。

综上三点，笔者认为未来出口顺差将不再是我国经济的支柱，经济三驾马车包括消费、出口、投资。

（二）投资：边际效益递减

出口不济，那么投资呢？投资拉动经济同样不会成为我国未来保持经济增速的手段。理由也是三条：

第一，投资收益的边际效益递减。过去 1000 万元可以造 10 栋房子，提供 100 个工作岗位，现在 1000 万元在大城市只能买 1 栋房子，提供 10 个工作岗位。投资拉动的边际效益正在锐减，虽然过去几年传统基建发展到了新基建，但实际上在 2020 年新冠肺炎疫情下新基建也逐渐趋于饱和。很多产业需求还没有崛起，比如氢能汽车。氢燃料物流成本很高，但政策层面还是在着力推动氢能汽车。实际上，无论是新基建还是传统基建，投资都面临边际效益递减。创新的确能够带来新的投资增量，但创新有自己的节奏，我们不能指望今天喊出创新口号，明天就能创新遍地。

第二，投资带来的高杠杆问题尚未解决。根据国家统计局数据，2021 年年末，全国地方债务总计 30.47 万亿元，中央财政国债余额为 23.27 万亿元，总债务为 310 万亿元，GDP 为 114.4 万亿元。我国政府债务占 GDP 的比重依然不高，但总债务已经初具规模。2021 年，我国曾试图通过压降杠杆的方式来降低杠杆率，很显然降低的速度并不理想。去杠杆速度减缓的主要原因是内需不足，比如房地产业去库存，加速周转才可能去除杠杆，而去库存和加速周转的前提是有人买房。同样的道理，由于投资拉动和高杠杆、高库存的存在，市场无法出清，于是就限制了投资新增。存货住房还没有去除，怎么去投资建新房？所以，拉动消费需求以推动内需将成为未来政策层面的重要方向。

第三，有限资源向民生倾斜，投资后续乏力。由于生育率逐步走低，即使是放开三孩，出生率也没有显著改善。根据欧美日等国家和地区的发展历史经验，社会越发达，生育意愿越低。为了提高生育率，迎战老龄化，社保对资源的消耗逐渐增大。财政资金需要更多向民生领域倾斜。以当前的社保开支态势，未来财政对于社保的支持还将增加，而民生社保领域开支增加，势必会缩减在投资拉动上的投入。当前地方政府财权逐步上收，国地税合并之后，地方债务问题会比较显著。

综上，投资、出口两方面对我国经济的拉动将逐步减弱，而消费则成为重要的经济拉动手段。

（三）消费：从储蓄国向消费国转变

美国消费行业的百年发展经验告诉我们，消费的拉动潜力是无限的，并不存在天花板。中国消费大爆发的时代即将到来，从以下几点可以显著看出这一趋势：

第一，我国消费占 GDP 比重过低。我国是储蓄型国家，消费不振是老问题。2021 年全年社会消费品零售总额为 44.08 万亿元，占 GDP 的 38.53%。2021 年，最终消费支出对经济增长贡献率为 65.4%。根据美国商务部 2021 年的国民经济核算报告，美国 GDP 中的“消费”总额达到了 189919 亿美元，占美国经济总量的 82.59%。请注意，我们经常提到的是最终消费支出对经济增长的贡献率，而非消费占 GDP 的比重，从消费比重看，我国与美国的差距是很大的。

第二，消费需求才是科技发展的动力。在谈到创新的时候，有人会说知识产权保护，有人会说创新投资。但实际上，创新的根本在于需求。比如移动互联网时代，起点就是苹果手机；比如新能源汽车，起点就是特斯拉电动车。我们经常说一个跨时代的创新即将到来，实际上跨时代的本质就是消费需求。为什么过去大多数的创新都在美国？为什么很多中概股都去美股上市？为什么美国针对科技创业的风险投资比较发达？就是因为美国消费至上的社会理念。有需求才有钱赚，有钱赚才有供给，有供给才会有创新。一上来就说要创新，那也要看市场、用户认不认创新。这里尤其要谈一谈游戏产业，很多人认为游戏业是带坏小朋友的洪水猛兽，但实际上游戏产业才是促进高端芯片发展的重要动力。那些尖端工艺的芯片先放在哪里？放在智能手机里，然后是 CPU 和 GPU。这些都是为了提高游戏性能，或者是围绕着游戏产业的 3D 建模、程序行业、剪辑行业展开。所以，游戏产业应该是我们重点发展的产业。

第三，中等收入陷阱的本质是需求不足。很多人在讨论未来经济的时候，都会提及明斯克时刻，2021 年，有人在此基础上提出了沃尔克时刻。实际上这些概念都是在资产价格过高的时候，市场对资产价格体系突然走低的担忧。在通胀高企的时候，要么通过沃尔克的方式，以紧缩、以主动衰退来对经济进行重启；要么通过明斯克时刻，放任经济规律，延缓资产价格下跌，以时间换空间。除此之外，还有一个耳熟能详的词汇，中等收入陷阱。包括拉丁美洲、日本在内的很多地区和国家，先于我国实现经济腾飞，但是在人均 GDP 突破 1 万美元之后都遭遇了很多问题。实际上无论是明斯克时刻还是沃尔克时刻，又或者是中等收入陷阱，本质上都是消费需求不足导致的经济衰退。沃尔克时刻的20世纪80年代，由于石油危机，美国进入经济滞胀，失业率提升，于是沃尔克开始紧缩经济。但如果我们认为20世纪80年代美国经济的复苏是因为紧缩经济政策，那就大错特错了。美国经济的复苏是因为科技行业的崛起，是因为苹果、英特尔、微软等企业的发展，这些企业无一不是消费需求拉动者，提供了经济增量；还因为国家有一些鼓励创新的动作，比如《拜杜法案》释放美国院校的专利，比如对IBM和AT&A的反垄断。但归根结底，硅谷提供了新的产品，缔造了新的需求，也就是互联网，从而使美国重新开始了经济复苏。日本在1990年之后，经济也有了亮点，比如游戏产业、动漫产业、电子消费品的发展等。其中最有代表性的就是索尼，乔布斯创办苹果的时候就延续了很多索尼的创新理念，乔布斯也是稻盛和夫的崇拜者。日本的问题是本土需求不足，很依赖海外需求，实现国际化的日本消费品企业获得了重生。至于为什么日本消费能力不足？老龄化是原因，债务也是原因。

综上，前事不忘后事之师，他山之石可以攻玉。中国经济腾飞既不能靠出口，也不能靠投资，只能靠消费。消费也不是停留在存量当中，消费振兴经济的根本在于消费领域的创新。所以，对于投资者，不要故步自封只关注传统消费品，要对创新消费保持开放的态度，要知道消费品是一个开阔的领域。

二、华尔街永恒的话题——消费

消费是华尔街永恒的主题。消费主义这个词本身就起源于美国，资本主义的逐利性，结合凯恩斯主义的需求拉动和政策支持，使消费成为美国核心增长动力，美国从“二战”之后，迎来了消费增长的时代。很多人也开始逐步认同一个观点：商品是过剩的。过剩的商品需要消耗才会发挥其必要的价值。

为什么巴菲特大量选择消费股作为自己的重仓股？其一，美国是消费主导的国家，这是一个大概率能够实现高额投资回报的领域。其二，消费股通俗易懂，无论是喜诗糖果还是可口可乐，都可以亲自尝试产品优劣。其三，一些消费流行趋势和创新紧密结合，其往往能够代表一个时代，也代表这个时代的主要机遇。巴菲特投资的企业现在看可能有点过时，但在他所处的那个年代，运通、沃尔玛、宝洁、吉列刀片等也是创新企业。我们将选取其中有代表性的消费股，来讲述它们的故事。

（一）肥宅快乐水和营销教科书——可口可乐

烟酒当然是嗜好品，但烟存在管制和高额税收，酒则存在地域性偏好，有些国家爱啤酒，有些国家爱白酒。唯一全球通行的嗜好品，是糖。巴菲特投资喜诗糖果和可口可乐已经成为经典案例，我们可以找到很多的理由，但无可否认的是，喜诗糖果和可口可乐的核心点都在于糖。

巴菲特对可口可乐的投资一定成功吗？其实也未必。投资存在机会成本，假如 1988 年巴菲特坚持买入百事可乐，他可能赚得更多。1988 年底到 2021 年底可口可乐的增长（包括股票和分红）是 27.85 倍，百事可乐则是 33.31 倍。百事可乐比可口可乐收益更高。原因是百事可乐实现了多元化，比如百事可乐的子企业百胜就包含了肯德基、必胜客和塔可贝尔这些强有力的连锁品牌，还有乐事薯片等。

百事可乐、喜诗糖果、可口可乐的成功最根本的原因还是人类对糖的嗜好亘古不变。当然不是所有糖制品都能够成功，糖果品类丰富，门槛较低，要在众多糖果产品中脱颖而出，需要企业具备其他方面的能力来打击竞争对手。

可口可乐的优势来自配方吗？不完全是。虽然可口可乐的配方一直是高度机密，但配方并不是其核心竞争力，配方的故事只是其营销策略的一部分。可口可乐起源于约翰·彭伯顿模仿当时流行的一种叫马利安尼酒的古柯酒，为了提升保健效果，彭伯顿增加了可乐果、葡萄酒、达米阿那①等成分。古柯含有可卡因，但150年前现代医学还在萌芽中，对可卡因的危害尚未有定论。彭伯顿的神秘药配方和当年北京天桥底下卖大力丸的本质上相同，彭伯顿宣扬这种药酒对治疗头疼有奇效。之后，由于证实了可卡因的危害，可口可乐去除了古柯叶，1886年美国推行禁酒令，可口可乐配方中的酒精成分也被去除。之后可口可乐不断改进配方，天然果汁香精存在涩味，于是就加入玉米糖浆，再加入柠檬酸……最后加入了苏打碳酸，去除了达米阿那。最终，可口可乐从“古柯＋可乐果＋酒”的饮料变为“可乐果＋玉米糖浆＋苏打碳酸”的饮料。中国人习惯把Coca Cola叫作可口可乐，实际上它原意是“古柯可乐”，这种饮料早期的两种基本原料——古柯叶和可乐果，其中古柯叶因为可卡因被去除，可乐果虽然含有咖啡因，但被保留。后来可口可乐第二代所有者阿萨·G. 坎德勒为了竞选

---

① 达米阿那：墨西哥和中北美独有的一种绿色矮树，西班牙传教士最早记载，墨西哥印第安人喝煮开的达米阿那树叶，将其作为一种壮阳药。

州长，承诺将可口可乐的咖啡因降低50%，至此，百年可口可乐的配方基本定型。这个配方很难吗？其实不难，百年来可口可乐的模仿者不计其数，实际上各种产品之间的差异没有那么大。比如可口可乐、百事可乐之间并没有很大的口味差异，历史上我国的非常可乐也是很类似的口感。

可口可乐不靠配方，那么其究竟是靠什么战胜竞争对手的呢？

1. 营销

首先，可口可乐将巨额资金投向广告。彭伯顿因为穷困潦倒而贱卖了可口可乐企业，但他在临死之前发出了一段感慨："如果我有25000美元，我愿意花24000美元给可口可乐打广告，再用剩下的1000美元来制造产品，这样我们就能成为富翁。"1892年可口可乐的营销预算为1.1万美元；1901年该预算便超过了10万美元，当年含税收入接近100万美元，广告费用率达10%以上；1911年可口可乐的营销预算首次超过100万美元。可口可乐早期广告的总原则是在任何一个城市抬头就能够看到可口可乐的广告牌，我们在很多民国时期的老照片上，甚至是中国军队守卫四行仓库的老照片上，都能看见可口可乐的标签。

其次，可口可乐在产品中融入更多文化属性。比如"二战"时期，美军到哪里，可口可乐就送到哪里，企业也将可口可乐灌装工厂投放到全世界，可口可乐成为美国文化的代表元素。其不仅通过军队进行文化渗透，也在偷偷地植入新的观念。1931年，可口可乐苦于打不开欧洲市场，于是就请来画家海顿·珊布画了一个圣诞老人。在此之前还没人知道圣诞老人长什么样，所以如今我们熟悉的穿红衣服、胖胖的圣诞老人形象，实际上是可口可乐百年广告设计的结果。当企业能和文化属性绑定，就意味着其竞争对手也会绑定。比如百事可乐作为后起之秀，就专门选择和可口可乐相对的文化属性入手。可口可乐针对 WASP①，百事可乐就针对黑人（比如请迈克尔·杰克逊做经典百事广告）和年轻人；可口可乐代表美国文化，百事可乐则率先进入苏联市场。

最后，可口可乐为用户打造购买便利性。再好的商品，如果买不到，营销都将是徒劳。可口可乐主要生产浓缩糖浆，瓶装厂购买浓缩糖浆，然后兑上碳酸和水，稀释成瓶装或者罐装饮料。一方面，可口可乐将经营风险转嫁，轻资产运营；另一方面，可口可乐也将产品转化为一种军备物资，让灌装厂随着征战的美国军队遍布全球。

2. 支配市场

如果营销是为了占领顾客的心智，那么市场竞争的目标就是干掉竞争对手。可口可乐早期排挤竞争对手的方式主要是商标诉讼，因为其销售规模十分庞大，很多竞争对手采用跟随战略，可口可乐就是利用诉讼来打击对手。这种做法贯穿于可口可乐的发展史中。

当然，竞争对手中有一个幸运儿，就是百事可乐。百事可乐 1903 年注册商标，之后一直经营不善，但是从 1931 年开始，百事可乐连续三次请求可口可乐收购自己，都被可口可乐拒绝了。百事可乐被迫找寻自己的出路，于是就开始了加量不加价的低价销售策略。这也可以看出，想要破坏已有的市场格局，低价策略很可能是唯一的策略，

① WASP：白人盎格鲁–撒克逊新教徒，即 White Anglo–Saxon Protestant 的简称，是指盎格鲁–撒克逊新教徒裔的、富裕的、有广泛政治经济人脉的上流社会美国人。

这在互联网时代我们见过很多次。百事可乐是幸运的，其找到了另类文化属性这条路，但其他饮料品牌则没有那么幸运。

比如德国的芬达和中国的汇源。可口可乐将新兴市场的民族饮料品牌揽入怀中，既可以增加企业自己的产品品类，也可以较快下沉到销售渠道当中，迅速占领销售渠道。诸如在所有的商场超市一定会有可口可乐，而在可口可乐边上放上芬达、雪碧、美汁源等也将是顺理成章的做法。市场竞争是残酷的，新兴市场的很多“学生”也开始学会保护自己的民族品牌，比如农夫山泉、娃哈哈等。

总结可口可乐成功的秘诀，我们不难发现其有两种能力，一种是用户支配能力，通过糖浆、可乐果、咖啡因等元素来抓住用户的喜好，让用户上瘾，然后通过营销吸引用户更多地接触可口可乐的产品，以嗜好增加客户黏性，以渠道提高产品易得性。产品随处可见、唾手可得，而一旦购买，则会因为嗜好而上瘾，进一步强化需求。另一种能力是可口可乐通过市场竞争挤走对手，获得市场垄断地位。在可口可乐发展早期，多是通过品牌、包装的诉讼来巩固垄断地位，后来通过买断的方式来踢走竞争对手，诸如其准备收购汇源，让汇源成为上游的灌装厂，监管部门识破了可口可乐的垄断野心，叫停了收购，急于求成的汇源大量布局上游加工厂，从轻资产转向重资产，最后因负债太高不堪重负，摇摇欲坠。

（二）连锁店的奥秘——星巴克的第三空间

在 20 世纪的成功企业中，连锁店占据半壁江山。从麦当劳、肯德基，到沃尔玛、家乐福，再到如今雨后春笋般的新茶饮、火锅店。开连锁店似乎是很多成功跨国企业的共性。连锁店的好处在于：企业可以通过连锁模式来复制成功经验，为用户培养统一偏好，以稳定的口感体验来锁定用户，也可以通过连锁提升商品获取的便利性，让更多用户接触产品。从供应链的角度，连锁模式依赖跨国企业庞大需求获得的定价权，逐步控制上游产业链。目前连锁品牌之间既有共性，也有特性，但最有代表性的连锁品牌莫过于星巴克。

星巴克成立于1985年，1992年上市，截至2021年年底，星巴克的市值和分红累计（股价后复权）涨幅达到398.66倍，截至2021年第二季度，星巴克在全球共有32943家门店，其中51%为企业经营，49%为特许经营。美国和中国的门店数量大体相当，中美门店加总占其全球门店总数的62%。星巴克的成功毋庸置疑，那么它为什么会成功？为什么能够从如此多的连锁咖啡店当中脱颖而出？我们从以下几个角度来分析。

1. 产品

星巴克提供的是咖啡吗？不完全是，星巴克还提供两样东西：一是第三空间，这个空间是家庭和工作空间之外的另一个空间；二是文化属性，在前文讨论可口可乐的时候我们提到了文化属性，而星巴克的文化属性则是阶层认同。

对于星巴克的第三空间，所有人都可以考虑一个问题：真正有效的营销是卖产品吗？其实并不是，营销是贩卖基于产品的用户体验。星巴克就试图营造一个让人思考、交流的安静环境。星巴克在店铺空间的布局上避免拥挤，在细节上追求精致，星巴克要求员工尽量记住熟客的脸，店员需要主动和顾客打招呼，从而建立一种亲切感。星巴克疯狂开店，让这种第三空间的用户体验唾手可得，让用户更加便利地获得这种空间服务。

我们谈可口可乐的时候谈过文化属性，可口可乐将美式文化带到全球。同样地，星巴克也在传达一种文化属性，它针对想要提高生活品质的中产阶层。很显然，如果你是一个富有的人，并不需要这种公共的工作空间；而如果你是一个中产阶层的人，星巴克的第三空间则显得比较高档。很多中国用户将在星巴克喝咖啡称为“小资情调”，其实是一样的道理。消费主义的最佳方式就是让用户无限接近上流社会。有人将其称为产品调性，也有人将其与奢侈品类比。奢侈品是给谁设计的？当然是给中产阶层设计的。马斯克不需要用奢侈品来让别人注意到自己。星巴克很精准地抓住了美国和中国社会的这个特征：都有一个日益庞大的中产阶层群体，甚至为了适应这个群体的需求，专门造出一些“暗语”。星巴克会用几份意式浓缩（Espresso）配合牛奶来形成不同的产品。所以如果你说拿铁（Latte）不加糖或者不加奶，肯定会遭受其他客户异样的目光，因为这说明你不常来，这种群体认同感使得星巴克很适合在相同人群之间开展社交。即使在美国，星巴克 5~7 美元一杯的价格也并非平价咖啡，这使得星巴克的用户圈层保持在一定的高度，就是那些已经不再担心基本温饱，努力通过工作实现阶层跃升的中产阶层人群。

除了唾手可得的第三空间和中产阶层小资情调的文化属性，星巴克当然也有产品的优点。但咖啡因这种嗜好品对于大多数人来说并不难得，咖啡和糖是咖啡店的秘诀，但咖啡和糖不是星巴克独有的，咖啡店在星巴克之前遍地都是。那么除了这些，星巴克有没有其他秘诀来干掉竞争对手呢？

2. 供应链

有一本书叫作《如果巴西下雨就买星巴克的股票》。这本书讲了一种非常有意思的投资方式，即通过信息细节来预判企业业绩的变化。巴西下雨，意味着咖啡豆增产，而增产意味着价格下跌。这样，星巴克的咖啡豆成本降低，业绩上涨。这种投资方式有道理，但对于价值投资者来说，这点细微的年度差异的确不算什么，毕竟星巴克30年市值涨了接近400倍，有必要去探索这些个别年度信息吗？但这也客观上告诉我们，星巴克对其咖啡豆供应链存在掌控力。

掌控力是否就是对咖啡豆的定价权？当然不全是，星巴克为了名声，往往不会对咖啡豆定价权过度干预，而是制定一定的标准，让咖啡豆的品质适合其需求。星巴克一个很大的卖点在于一致性的口感，而这种一致性的口感往往来自同一品种的咖啡豆。为了满足星巴克庞大的供应链需求，咖啡产区大面积改种星巴克需要的阿拉比卡咖啡豆（阿豆）。这里也有雀巢和麦斯威尔速溶咖啡的故事，在雀巢和麦斯威尔一统天下的时候，由于速溶咖啡需要大量的罗布斯塔咖啡豆（罗豆），所以很多产区都没有星巴克的阿豆，但随着星巴克逐渐主导咖啡市场，且出价更高，咖啡豆种植业正在向阿豆转型。甚至雀巢旗下的几个胶囊咖啡品牌也都倾向于使用阿豆。星巴克通过终端销售，因用户需求偏好改变了供应链。当然，口感上阿豆比罗豆的确更加富有层次，更有风味，但供应链的改变路径已经非常清晰，这也会促使速溶咖啡逐渐向胶囊咖啡转型。

这种改变不仅打击了雀巢这样的巨头，还使星巴克收获了其他利益。小规模咖啡店越来越难以生存，一方面是因为星巴克吸附了庞大的用户群体，带走了客户；另一方面是因为星巴克通过供应链标准，让那些独特风味的咖啡豆逐渐变得稀缺，无法形成规模。同时，由于星巴克的全自动咖啡机可以统一口感，而 Casta 等使用半自动咖啡机的咖啡店，由于对咖啡师技术的门槛较高，扩张速度大大落后于星巴克。星巴克通过全自动咖啡机降低了咖啡师的门槛，获得了很好的劳动力议价能力，其劳动力来源大大扩展，所以店铺扩张越来越快。当然，星巴克在中国疯狂开店的过程中也出现了问题，比如过期咖啡豆和公关问题，这都是缺乏培训导致的，但自动化、标准化的确给其带来了很多好处。

3. 购买便利性和本土化

星巴克进入中国的时候，以合资经营的模式，在京津、粤港澳、江浙沪分别成立了三家企业。当时星巴克权益占比很低，说明早期其对中国市场不够重视。但各家门店尤其是上海门店的盈利非常可观，仅 2002 年，星巴克上海门店就有 1 亿多元营收。之后星巴克要求各家合资企业扩张，但合资企业为了稳定门店经营，采取了缓慢扩张的方式。这让星巴克总部很懊恼，于是出资大规模收购中国区合资企业的股份，包括华北区、华东区和华南区，都是高价拿下，请走股东。2017 年基本稳定所有权之后，星巴克开启了在中国疯狂开店的行动。

星巴克为什么重视开店速度？实际上这和国内瑞幸咖啡的目标一致，就是占据市场份额。无论是供应链的话语权，还是用户爱好的培养，都离不开用户获取体验的便利性。这也是星巴克培养忠实用户的基本方法。

综上，星巴克的成功模式从产品看是咖啡和糖，这些是嗜好品。

从营销看是把握住第三空间和文化属性这两把营销的利剑，以此支配用户。从供应链看是以规模倒逼供应链遵循自己的标准，从而实现了市场支配。

实际上星巴克的征途尚未结束，国内很多企业从星巴克上学到了东西，亦有可能走星巴克走过的成功道路。比如瑞幸咖啡，如果没有财务造假，它的模式是否能够像星巴克一样成功呢？实际上瑞幸咖啡对星巴克的追赶，类似于过去百事可乐对可口可乐的追赶。百事可乐一开始也是低价策略，比如同样 5 美分的价格但更大的量。之后，百事可乐也针对不同的文化群体做营销，比如年轻人、黑人。我们从瑞幸咖啡身上也找到了这些特征，比如针对年轻人的营销。但很遗憾，虽然其经历了重组，但是瑕疵可能会影响未来品牌扩张。反过来，由于财务造假和产品低价，瑞幸咖啡品牌调性很难提高。

不过，星巴克真正的对手可能不是瑞幸咖啡，而是这几年蓬勃发展的新茶饮，喜茶、奈雪的茶等符合我们文化属性的企业，它们才是星巴克在中国真正的挑战者。

（三）成为身体的一部分——乔布斯咬了一口的苹果

史蒂夫·乔布斯已经成为传奇，乔布斯是一位嬉皮士，[①]有很多缺点，有人说他薄情寡义、脾气暴躁。但不能否认的是，他有两种颇具代表性的能力：一种是现实扭曲力场，也就是把死的说成活的；另一种是对美的理解，苹果公司的产品追求美和简单。

---

① 嬉皮士：英语 Hippie 或 Hippy 的音义译，用来描写西方国家 20 世纪 60 年代和 20 世纪 70 年代反抗习俗和当时政治的年轻人。

乔布斯对电子消费业的推动有两次。第一次是麦金塔电脑，[①]其核心的特点有两个：一是图形界面，在麦金塔电脑之前，大多数电脑都是字符显示，这提高了用户的门槛，使用电脑的多为工程师和程序员，而图形界面以一种简洁化的方式，让普通人也可以使用，从而打开了个人电脑市场。二是鼠标，鼠标虽小，但是对于个人电脑市场有划时代的意义，其目标同样是简化用户操作。这两个特点并非乔布斯的原创，当时找到功能方向的是施乐公司，[②]但正如乔布斯的形容，"施乐坐在金矿上却毫无知觉"。于是苹果就用这些思路自行开发。

假如麦金塔电脑大获成功，那么微软的命运也会有很大不同，麦金塔电脑上运行的是苹果自研操作系统，而这种操作系统的大多数功能之后成为 Windows 独步天下的关键，简单说，如果麦金塔电脑成功，就没有比尔·盖茨什么事了。只可惜，乔布斯被约翰·斯卡利踢出了苹果。约翰·斯卡利原本是百事可乐的 CEO，百事可乐后来居上的过程是：依赖低价策略，依赖追求和可口可乐不同的文化属性，比如嬉皮士文化、黑人文化等，通过主流文化无法覆盖的群体来拓展业务。所以约翰·斯卡利和乔布斯有一种天然的亲近感。当时年轻的乔布斯自知自己在企业管理能力上有缺陷，于是将约翰·斯卡利从百事可乐挖了过来。但在麦金塔电脑销售上，双方出现了巨大分歧。由于麦金塔电脑销量不及预期，乔布斯想要降价销售，而约翰·斯卡利坚决反对。可见，卖糖水和卖电脑是两种生意，投资者已经习惯互联网

① 麦金塔电脑：英语 Mcintosh，为苹果个人电脑品牌，后改名 MAC。

② 施乐公司：美国施乐公司是全球最大数字与信息技术产品生产商，是一家全球500强企业。

企业采取低价策略来占领市场份额，硬件不是盈利核心，诸如苹果的盈利核心在于苹果商城。但是在20世纪80年代，这种低价策略还没有普及，尤其是当这种策略遇到了卖惯糖水、追求现金流充沛的约翰·斯卡利的时候。双方争执不下，于是提交董事会，乔布斯出局。

乔布斯离开苹果后，苹果销售每况愈下，约翰·斯卡利终于发现糖水和电脑的不同，电子消费品追求的是新颖性，乔布斯的离开导致苹果产品不再具备领先优势。乔布斯又创立了NeXT电脑公司，但这家企业一直面临资金不足的问题，研发跳票严重，不过乔布斯还是通过运营濒临倒闭的皮克斯动画挽救了企业，乔布斯对产品的美学追求几乎可以延伸到任何领域。

之后，苹果公司将乔布斯又请了回来，历史上很少有企业经历两轮高潮，但苹果的确是重新焕发了青春，并着手推进第二次电子消费品革命。革命性的产品一开始不是手机，而是iPod，一款音乐播放器。乔布斯在产品理念上崇拜索尼的稻盛和夫，早年索尼Walkman随身听的设计理念启迪了乔布斯，所以他最先进入的是播放器领域，就是与电脑同步播放音乐。随着互联网的发展，很多人开始在网上下载音乐，而不是买唱片，iPod意外地打开了一个版权音乐的下载渠道，于是音乐版权商开始主动和苹果沟通，通过打包打折的方式，嵌入到iPod正版音乐销售网络当中。当前苹果手机结合苹果商城应用下载的模式，实际上在iPod上已经体现，也就是围绕苹果封闭操作系统形成的产品生态。iPod是苹果第二春的起点，一旦开启，苹果后面的路就可以一马平川。

回顾苹果公司的发家史，总结苹果公司成功的特质，主要有如下几点。

1. 产品的用户黏性

和可口可乐、星巴克不同，苹果公司的用户黏性来自真正的创新。可口可乐和星巴克的用户黏性说到底还是来自人类天然的嗜好，糖或者咖啡因，但苹果的产品是一种划时代的形态，在乔布斯时代，苹果产品的核心就是为用户提供简洁的美。无论是麦金塔电脑，还是手机，考虑的都是用户的使用体验。字符型的电脑不能给普通人带来快乐，模拟信号手机拓展空间有限。无论是麦金塔电脑的鼠标还是手机的触屏，都在根本上改变着一个时代用户的使用习惯。当然，如果仅仅是通过易用性，那么苹果的电子消费品黏性是远远不够的，苹果产品系列最大的用户黏性在于其封闭系统下的产品生态。如果我们在苹果的应用商城购买了软件，为游戏充了钱，又买了很多正版的音乐播放版权，就很少会换一个别的手机了，因为转换成本太高了。这就是苹果的闭环生态。

2. 产品的文化属性

可口可乐和星巴克都有文化属性，苹果公司当然也有。早期苹果公司的文化属性是极客文化。[①] 其创始人之一的斯蒂夫·盖瑞·沃兹尼亚克就是这种极客文化的代表。中期的苹果在创新的极客文化和商业利益之间做平衡，乔布斯二次崛起，开始更加务实地领导苹果。后期的苹果在库克的带领下全面转向主流文化，开始和中产阶层的身份认同构建联系。这里就能够解释为什么巴菲特要在库克时代投资苹果，因为库克时代的苹果和可口可乐、星巴克更像。极客文化强调分

---

① 极客文化：极客文化是一种起源于美国的新的反主流文化。极客一词来自美国俚语“Geek”的音译，一般理解为性格古怪的人。极客文化以令人惊异的产品及电影、音乐和游戏引领潮流时尚。

享，乔布斯追求较高的性价比，库克追求较高的利润。库克时代的苹果并没有更多眼前一亮的创新，其大多数延续了乔布斯时代的产品风格。苹果也开始学习其他企业，比如全面屏设计、屏下指纹、多摄像头功能等，和约翰·斯卡利时代一样，库克时代的苹果是真正的消费品。但和约翰·斯卡利时代不同的是，库克时代的苹果生态更为完整。其核心 iOS 封闭操作系统，配合各类苹果硬件和苹果应用商城，形成了完整的用户生态。库克时代只要不断更换苹果的显示屏、芯片，苹果程序员只需要在前人的基础上添砖加瓦即可。从消费者的角度，苹果的产品定位、设计追求和潮流形态非常契合日益庞大的中产阶层人群的心态。这一点和星巴克如出一辙，中国和美国都有日趋庞大的中产阶层人群，而一台苹果手机，既可以实现工作、生活、娱乐的用途，也可以维持基本体面，因为苹果手机的价格并不便宜。

3. 供应链

很多人认为苹果公司的供应链是那些硬件和代工厂商，比如立讯精密、富士康等。其实在这方面很多投资者忽略了苹果生态的本质在于操作系统和苹果应用商城。所以供应商当然也包括苹果应用商城的开发者，他们为苹果打造 App，通过用户购买 App 或者 App 内购的方式来获取利润。作为一个苹果开发者，还要通过购买会员和年度支付的方式来订阅苹果开发者年度会员。比较有趣的一个现象是安卓开发者年度会员实际上很便宜，大约 25 美元可以享受终身开发者会员待遇，而苹果则是个人账号 99 美元 / 年，企业账号 299 美元 / 年。结果耐人寻味，苹果开发者比安卓开发者更多。

究其原因，苹果的产品调性更高。苹果电子消费品比安卓电子消费品更贵，用户也更愿意通过苹果支付来购买应用、音乐。安卓由于其开源属性，免费应用很多，而开发者要通过谷歌的广告系统来实现盈利，盈利非常慢。所以从整体看，苹果用户更加愿意付钱，安卓用户更加喜欢免费。当然，这并不是有钱和没钱的问题，而是两种不同的文化属性。互联网对于一部分人就应该是开放、共享的，但对于另一部分人来说，开放、共享会带来体验下降、安全性下降，这是不可接受的。可见，苹果对供应链有主导能力，这既包括硬件的供应商，也包括 App 软件供应商。由于当前苹果产品的调性在一个合理区间，很多硬件供应商也以进入苹果供应链为荣，而在电子消费品领域，苹果有某项新功能依然能够带动潮流风向转变。比如前几年火热的蓝宝石屏幕、人脸解锁等。拥有硬件和软件供应链优势的苹果，进一步巩固了其在手机领域的领导者地位。

三、消费牛股的统一标识

综上三家跨国企业，我们也总结了消费牛股的共同特征，而这些特征往往在 A 股和港股的股票中也有充分的体现，所以只要集中了解这些特点，投资者就可以发现市场上的百倍消费牛股。

（一）消费牛股的八大标识性特征

1. 抓住消费者嗜好

消费品主要面向大众，其首要一点就是具备用户黏性。有人说要做三种生意：做吃的生意、做女人和小孩的生意、做能源的生意。其实这里有不对的地方，比如餐饮业是吃的生意没有错，但餐馆淘汰率很高。所以核心应该是如何通过产品让用户上瘾。任何一种消费品的火爆，都是和人类嗜好息息相关的。也许一些非嗜好品的股票每年也会创造利润，比如一些必需品，但实际上那些产品所带来的增长往往十分有限。

2. 面向中产阶层的产品调性

市场的支配者往往重视中产阶层人群，一方面中产阶层有消费能力，另一方面中产阶层想要变得更好，有社交的需求。美国的强盛建立在中产阶层人口数量激增的基础之上，这种社会特征被称为“橄榄型社会”，最富有和最贫困的人无限减少，中产阶层越来越多。所以大多数消费品追求的调性是简约而高档，符合中产阶层审美。不只是星巴克，比如海底捞的火锅定位，其实就是面向中产阶层需求；比如新茶饮，也是面向逐渐崛起的中产阶层的饮茶文化。当然，市场上也会出现针对年轻人、低收入者的产品，满足用户追求极致性价比的需求，比如百事可乐过去针对可口可乐的策略。但投资者要清楚一点，年轻人市场、少数群体市场等细分市场，主要是后发品牌想要超越先发品牌实施的策略。如百事可乐要赶超可口可乐，如小米、华为想要赶超苹果，如瑞幸想要赶超星巴克。但后发者面对先发者往往存在劣势，这也是后发者最终都想要多元化的原因。所以，如果想要找百倍消费股，就找那些调性较高，但普通中产阶层可以负担的消费品背后的上市企业，在市场上我们一般投资老大，很少投资老二，哪怕老二最终多元化获得成功，但在单个领域，行业龙头依然具备充分的话语权。

3. 产品的文化属性

我们经常认为可口可乐和星巴克代表美式文化。新茶饮和贵州茅台在国内的火爆，则代表中式文化。文化并非对立的，因为人类对于嗜好品的偏好大体相同。地域文明造就的文化差异性往往给用户缔造不一样的新鲜体验，又或者在同一个族群中建立独特的纽带。我们要强调文化属性的一些特征，诸如强势文化对弱势文化存在更高的影响力。百胜旗下三个连锁品牌就是很好的例子，肯德基和必胜客在国内遍地开花，但塔可贝尔同属百胜旗下，在国内店面却很少，原因是塔可贝尔经营的是墨西哥菜。对于美国人，墨西哥和美国南部州接壤，饮食文化非常趋同，但中国人对于墨西哥菜并不熟悉，这是因为相对于欧美文化，拉丁美洲文化在中国的普及度较低。当然，文化的强弱往往是经济、军事等综合实力的体现，我国综合国力上升之时，文化属性也逐渐由弱转强，文化自信也会不断提高。当前我国消费品体现了新的文化特点：其一是本土传统文化消费风头正劲，越来越多的消费者开始重视具有传统文化内涵的消费品；其二是文化输出日渐频繁，越来越多的外国人开始对中国文化产生浓厚的兴趣，比如中国的饮食文化；其三是在中国传统文化输出过程中，实现了新一轮本土化。在国外，我们能吃到一些不常见的中餐，比如加抹茶的汤面，比如左中堂鸡。对于投资者，要牢牢把握中国未来文化输出的特征，顺着中国经济崛起、文化昌盛的思路，就可以在A股找到非常好的投资标的。

4. 规模效应下的供应链话语权

“一流企业卖标准，二流企业卖专利，三流企业卖产品。”对这句话有很多种解读，但有一种解读是，一流企业往往通过供应链的话语权来制定标准，让供应链按照自己制定的标准来供应原材料。供应链一旦接受了这个标准，其也就失去了选择顾客的能力。比如，如果星巴克让供应链的农民都种上阿拉比卡咖啡豆，那么这些农民就很难再把咖啡豆卖给雀巢，因为雀巢速溶咖啡更多使用的是罗布斯塔咖啡豆。同样地，苹果公司也在产品上推进电子消费品的行业标准，在潜移默化中引领着配件发展的技术方向。当然，标准的话语权往往来自企业规模，市场标准的形成往往参照市场上销售规模最大的企业。所以，规模和行业话语权相辅相成。越是有规模的消费类企业，在标准上的话语权就越大，其他企业想要破坏其护城河的难度就越大。

5. 面向用户体验的产品

乔布斯为什么能够发现图形界面、鼠标、触摸屏等功能的未来前景？就是他能够从用户的角度去感受这些新兴产品。可口可乐等碳酸饮料如何风靡全球？碳酸饮料的风靡和电冰箱的大规模普及不无关系，因为碳酸配合冰镇的用户体验更佳。星巴克在贩卖咖啡吗？星巴克在贩卖“第三空间”。所有成功的销售案例，都是从用户体验出发，从用户的使用场景出发。好的消费品应该考虑用户之间的社交，好的消费品应该考虑用户获取商品的便利性和用户使用的便捷性。

6. 多元化潜力

可口可乐生产可乐没错，但芬达、雪碧、美汁源等也是该企业的产品，可口可乐的基础是糖，但产品越来越多元，盈利点越来越多。苹果是以手机为核心，但 AirPods、iMac、iWatch 等产品都进入了其生态矩阵。这些上市企业的多元化都利用了核心产品形成的销售渠道。强大的消费品企业往往以核心产品来占据销售渠道，从而迅速占领市场份额，然后开发多元化产品“借道发展”，利用核心产品的渠道来铺货。消费品多元化主要围绕产品多元化和市场多元化两条线。产品多元化是利用现有销售渠道增加产品种类，市场多元化则是从国内市场向全球市场推进。当然，也存在其他类型的多元化，诸如百事可乐就是从饮料延伸到了餐饮连锁，这种多元化不被巴菲特看好，他认为这让简单的事情变得更加复杂，但对于投资者来说，如果能够看懂多元化模式，则并不需要计较简单还是复杂，毕竟每个人都有不同的理解，就好像“卖糖水”的斯卡利看不懂乔布斯一样。

7. 行业天花板

由于存在多元化的可能，大多数消费品天花板很高。也有少部分消费品存在行业天花板。笔者建议投资者在观察行业天花板的时候，将重点放在消费品的销售渠道上。如果消费品是通过稀缺性来占领市场的，那么普通消费者获得的难度会比较高，购买便利性不佳最终会导致行业天花板降低。比如电子烟，虽然是一个嗜好品，但随着监管的加强，电子烟购买渠道逐步收窄，买不到电子烟让电子烟企业如何实现扩张？

8. 企业团队在市场拼杀中体现出的战斗力

慈不掌兵，义不掌财。市场杀伐是个残酷的过程，1978 年之前中国人还不懂市场竞争，改革开放以后，大量的跨国企业进入，通过合资、收购等方式占领中国市场，挤走中国传统品牌。近年，中国人渐渐发现民族品牌的重要性，开始重塑“国潮国货”。

（二）消费股的解析方式

消费股可以用一些常规的方式来解构，这些方式主要包括以下几种。

1. 波特五力模型

这是典型的竞争力分析工具，五力模型针对的是五个关联方：供应商、销售商、替代品生产者、同行业竞争者、潜在的行业进入者。

分析供应商和销售商是为了确定消费品企业的议价定价能力，消费品企业有没有定价权是衡量竞争优势的重要标准，当然也包括主导供业链标准。

分析替代品生产者和同行业竞争者则是为了了解消费品企业所在市场的发展态势和所占的市场份额，也就是分析消费品企业的护城河，护城河能不能抵御竞争对手的进攻是分析的核心。

分析潜在的行业进入者则主要是为了弄清消费品企业所在行业的行业壁垒。行业壁垒可能来自规模优势，也可能来自差异化优势下的技术壁垒。比如可口可乐对于饮料行业有规模优势，而辉瑞等医药企业有技术壁垒。

除了五力，实际上还有一力，就是互补品。比如英特尔和微软就达成了合作，在过去很长一段时间，这种联盟排斥了竞争对手 AMD。所以互补品也是一个企业的潜在竞争优势。

2. 产品生命周期理论

一个产品存在概念导入期、成长期、成熟期和衰退期。有些产品是天然的嗜好品，几乎没有周期，比如烟、酒、糖等，但有些产品是有生命周期的，比如智能手机。不过，诸如苹果公司有强大的研发能力，能够让新产品得以接续，所以虽然苹果市值已经很庞大了，但它依然处在成长期。价值投资者主要关注成长期的上市企业，导入期的上市企业确定性太低，搞不好就出现经营问题和现金流问题，产品可能不会引领科技，一旦遭遇新技术淘汰则会万劫不复。成熟期的上市企业经营稳健，但增长空间十分有限，天花板太低。

3. 4P 营销战略分析

产品（product）、价格（price）、渠道（place）、促销（promotion）四个单词的第一个字母缩写为 4P。这并不是方法论，而是一种分析流程。对于消费品企业，投资者不能忽视其销售策略，有些产品的确质量很好，但如果没有很好的营销一样不会被人认知，“酒香也怕巷子深”。

在 4P 营销战略分析中，首先是产品分析，即产品的文化属性、调性、用户体验等，都是产品分析的范畴。

其次是价格。定价方式多种多样，有些企业采取渗透定价法，也就是低价，比如百事可乐早年和可口可乐竞争，比如小米手机渗透苹果、三星的手机市场。有些企业采取撇脂定价法，比如智能手机刚出品的时候定价很高，然后逐步降价，用户想要早点使用，就得加钱。

再次是渠道。渠道很重要，苹果的应用商城就是垄断渠道，可口可乐公司先是通过可口可乐占据渠道，再通过这些渠道去多元化销售新产品，星巴克也满世界开店增加销售渠道。消费者获得产品的便利性就是一家企业推进销售渠道建设的目标。

最后是促销，价值投资往往在意一家企业的销售团队是否有足够实力实现企业业务扩张，促销的内容浩如烟海、纷繁复杂，这里就不详细展开了。

4. PEST 分析

对政治（Political）、经济（Economic）、社会（Social）和技术（Technological）这四大类影响企业的主要外部环境因素进行分析。这是一种典型的宏观分析，很多投资者忽视了这种分析的必要性，因此而亏钱。比如近期各国越来越频繁的反垄断行为，前文解析过，实际上护城河的本质是企业拥有对市场和用户的支配地位，是企业防御对手的重要手段，这些壁垒优势必然存在触发反垄断的风险。当前，国内在并购尽调中，合规风险和反垄断风险已经成为重要的关注点。实际上我们要考虑的不只是反垄断，还有信息隐私保护、不正当竞争、税务风险、跨国企业面临的文化差异等。对于 PEST 分析不用面面俱到，抓住企业所在行业关注的重点和焦点，集中力量分析判断才是最佳做法。

第三章

食品饮料行业的内在投资逻辑

“民以食为天”，最好的生意有三种，吃的生意、女人和小孩的生意、能源生意。但并非所有食品都受欢迎，食品类消费企业想要成为价值投资者的目标，至少需要满足如下几点：

第一，这种饮食应该是个嗜好品。

第二，销售渠道广布，消费者获取十分便利。

第三，具备文化属性，最好产品调性符合中产阶层需求，因为这是最大、最具潜力的消费群体。

第四，具备规模效应或者存在产品差异化优势。企业应为行业第一或者至少行业前三，又或者产品类型具备高壁垒，无可取代。

很简单吗？是的，食品饮料产业大多数能够一眼看穿，原因在于我们可能不懂医学，不懂数学，但我们都懂得“吃喝”，食品是距离投资者最近的行业。正是因为食品饮料行业好懂，其往往被人忽视，成为“灯下黑”或者“房间里的大象[①]”。

---

① 房间里的大象：英语常用短语elephant in the room，意思是一些显而易见的，可是却一直被忽略的问题。这里指投资者忽视显而易见、有盈利能力的食品饮料股。

一、酱香科技——贵州茅台

前文说了可口可乐，百年发展历史，巴菲特持有 30 多年，翻了接近 30 倍，似乎很厉害，但在中国“酱香科技”面前，可口可乐还是弱了。2021 年年底，可口可乐股价约为 60 美元 / 股，股本 43.35 亿美元，市值大约 2600 亿美元（按 6.5 汇率折合人民币约 1.69 万亿元）。贵州茅台的股价约为 2000 元 / 股，股本 12.56 亿元，市值大约 2.5 万亿元，贵州茅台市值已经超出可口可乐大约 1 万亿元。

贵州茅台作为贵州国资持有的最优秀资产，还担负了地方建设责任，比如一度还出现过“茅台化债”的做法，根据贵州省统计局的初步核算，贵州省 2021 年的 GDP 为 1.96 万亿元，茅台市值妥妥地超越了贵州省 GDP，也为脱贫攻坚作出了巨大贡献。

如此出色的消费品霸主是如何炼成的呢？我们依然可以通过几个点来剖析贵州茅台的竞争优势。

（一）产品

酒类本身是嗜好品，但茅台酒在嗜好品的基础上，为产品品质建立了信誉，采取传统工艺，端午踩曲，重阳投料，酿造期间 9 次蒸煮、8 次发酵、7 次取酒，经分型贮放、勾兑贮放，5 年后包装出厂。茅台酒制作需要 1 年，然后贮藏 3 年，基酒勾兑之后，再放 1 年。工艺细节对投资者的投资其实并无太多帮助，毕竟投资者不是以酿酒为生，但笔者提醒投资者关注两个点：

一是固态发酵下，茅台酒的杂醇油指标很低，因此很多人喝茅台感觉不上头、不头痛，所以说贵州茅台是“酱香科技”代表，其实也并非只有调侃，贵州茅台的确在微生物发酵上有技术储备。

二是 5 年存酒和有限产能。贵州茅台的产能是有限制的，为了提升产能，贵州省甚至开展了搬迁移民来为茅台酒生产腾空间，而茅台的存酒至少 5 年，这就使得当遇到好年景的时候，其供应往往受限于实际产能。由于茅台酒是以产定销的销售策略，投资者可以通过茅台基酒生产数量来推算其 5 年后的业绩走势。正因为有限产能和 5 年存酒，有人会将茅台酒作为藏酒。实际上这就是高档酒普遍的做法，葡萄酒领域经常玩一个梗——“来一瓶 82 年的拉菲”，这就是欧洲葡萄酒最早玩的年份酒概念。茅台藏酒历久弥香，在二级市场不断创造交易神话，这也进一步带活了贵州茅台的经销商销售。当前市场上很难买到平价茅台酒。

（二）营销

首先，茅台文化拥有独特的红色消费符号。有很多关于茅台酒的故事：比如红军长征路过茅台镇，并和茅台酒结缘。比如对越自卫反击战，有敢死队战士战前想喝茅台酒，军区调集茅台给战士们喝，那时候茅台酒还是统购统销，所以茅台酒成为一种军功奖励。有趣的是，其实“二战”中的可口可乐也和艾森豪威尔有类似的故事，可能纯属巧合。再比如茅台酒是开国大典用酒的宣传。这些宣传未必都是真实的，开国大典举办之时茅台镇尚未解放，所以很多人分析不太可能将茅台酒作为国宴酒。但这些宣传通过数十年对消费者的灌输和强化，茅台酒就有了较强的红色消费符号。

其次，茅台酒的定价策略刚好符合中国中产阶层发展的大趋势，

2022年上半年茅台飞天53度的官方指导价依然是1499元/瓶。茅台酒有点像奢侈品，貌似不是中产阶层日常消费能够承受的，但社会发展永远是动态的。一方面，中国是人情社会，这个定价体现了贵州茅台的品牌调性，这种调性很好地契合了人情社会的特征，在礼尚往来和宴请宾朋时茅台酒都成为一种有里有面儿的存在。另外，中国经济高速发展，老百姓收入水平显著提高，茅台酒的相对价格实际上在下降，人们的购买频次在上升，这也为贵州茅台未来的业绩增长打开了天花板。

再次，茅台酒有金融属性。不能忽视的是，茅台5年存酒的政策让飞天茅台在某个年份产量固定，存在一定的稀缺性，而大家都知道，稀缺能够助推商品的金融属性。于是就有人存茅台酒，茅台酒有了火爆的二手市场。普通的商品买来都是贬值的，一旦到了二手市场，剩余价值十不存一，而唯有两样商品越放越贵，一个是房子，另一个是茅台酒。

最后，茅台酒有传统民族属性。传统文化深深植入国人的潜意识当中，中国和欧美国家存在很多差异，茅台酒也是一种传统文化的体现，古法工艺结合现代“酱香科技”，对于重视传统的人，茅台酒意味着一种传统式的用户体验。

（三）渠道优势

渠道优势往往建立在产品受欢迎的基础之上。如果是冷门产品，想上超市货架还要交纳较高的通道费①；如果是热门产品，超市会减少

① 通道费：商超在经营的时候，会向品牌供应商收取通道费，通道费也被称为坑位费、入场费，是品牌租用商超货架需要支付的费用。

通道费甚至倒贴来上架。茅台酒的稀缺性导致经销商价格水涨船高，连带的情况就是茅台酒当前的销售常常处于缺货状态，这就使得贵州茅台对于下游销售商的话语权很强。一方面，贵州茅台虽然年年增产，但其产能依然不能满足市场的需求；另一方面，正是稀缺性，使得贵州茅台销售渠道的成本大幅度下降，并形成了不可忽视的渠道优势。未来贵州茅台多元化的产品可以通过飞天茅台销售形成的渠道去铺货。

（四）净利润突破双引擎

贵州茅台的规模已经很庞大了，所以很多人认为其天花板即将到来。但实际上贵州茅台的天花板远未到来，因为其有双引擎驱动：一是产能扩张，二是价格提升。

产能扩张是贵州茅台管理层需要解决的核心问题。正是因为茅台酒具备极强的文化属性，所以其不存在需求问题，是典型的以产定销，而在产能上，茅台酒主要受限于茅台镇的承载力。曾有人想要将茅台酒厂搬到遵义市，最后没有成功，因为酿酒品质差距太大。所以说茅台酒存在酿造的地域限制。不过每年茅台酒的产能都在提升，为了扩张产能，贵州茅台开始搬迁域内居民，一面保护茅台镇独特的气候环境，保证酿酒品质，另一面通过拆迁的方式，腾出空间来酿造茅台酒。可以看出，当前贵州茅台的产能尚未见顶，只是按年看产能的递增非常有限。

价格提升是飞天茅台的大势所趋。但对于提价，贵州茅台是担忧的。茅台酒之所以不提价，有多方面考虑：一方面，想用明确的定价来稳定客户预期，尤其当前存在炒茅台酒、囤茅台酒行为，提价可能会让茅台酒更像一种金融产品，产生价格泡沫。另一方面，怕定价过高，和传统茅台酒消费群体产生距离，从而被认为是“高消费”。但反过来看，也可以看出贵州茅台实际上在终端零售领域有很强的定价权，尤其飞天茅台未来的价格大趋势依然是上行的。随着其他品牌酒价格上涨，实际上53度飞天茅台1499元的定价在诸多酒类品牌中已算偏低，一旦贵州茅台打开涨价的阀门，利润率将迅速提高。

综上，贵州茅台是当之无愧的“酒中霸主”，但酒类中并不只有茅台。五粮液、泸州老窖等都是很好的白酒企业。但这些酒类品牌和贵州茅台还差着一大截。比如贵州茅台2021年净利润为520亿元，而五粮液为233.5亿元，泸州老窖为78.49亿元。虽然在定价策略上它们逐渐向贵州茅台看齐，但这些白酒企业无论从规模上，还是从品牌口碑上，都和贵州茅台有一定距离。当前，我国酒类市场尚未饱和，酒厂“酒牌”获取较为困难，在许可证制度下白酒行业供给有限制，所以白酒行业整体处在一个高景气的环境当中。即便取消白酒生产许可制度，贵州茅台也不会沉沦，因为其拥有强大的产品文化属性和渠道优势。

对于价值投资者，要用合适的价格买入伟大的企业，贵州茅台当之无愧是伟大的企业，而对于其他酒类企业，可以更加关注其“合适的价格”。2014年沪港通开通之后，由于白酒股对于香港投资者来说是一种稀缺资源，所以在过去几年，贵州茅台市盈率从10年前的10多倍上升到40多倍，国外投资者和机构投资者的确推高了贵州茅台的股价，很多投资者也已经在考虑贵州茅台股价天花板是否已经来临，毕竟，贵州茅台已经是全球最大的酒类企业，可能也是全球最大的饮料企业。但笔者认为，贵州茅台的潜力还没有完全发挥，产能提升、价格提升、产品多元化等方式都能让其业绩再度扩张。就好像巴菲特买苹果公司，不要低估了伟大企业成长的天花板。当然，投资者要期待以更加合理的估值买入这些企业。2021 年贵州茅台业绩增长并不出色，但就好像 2015 年苹果公司业绩不佳一样，2022 年贵州茅台可能迎来很好的买点。

二、佛山大酱园——海天味业

在了解海天味业之前，我们先来了解下酱油。

人有几种味觉？很多人会说“酸甜苦辣咸”，但实际上辣味是一种痛觉而非味觉。除了“酸甜咸”，人还喜欢“鲜”，鲜是什么味道？实际上无法准确描述。1908 年，日本人池田菊苗从昆布中提取谷氨酸，谷氨酸是一种氨基酸，而氨基酸是构成蛋白质的基础。味精的主要原料谷氨酸钠是谷氨酸的钠盐。所以如果细究鲜的味道，那就是人类对于蛋白质的偏好。古代中国就开始制酱，而早期制酱的原料是肉。中国三千多年前就有制酱的历史，那时候的酱用新鲜牛、羊、鹿和鱼虾等动物性蛋白酿造，属于帝王独享的调味料。后来豆类和谷物代替了肉类，僧侣又将酱油的酿造方法传递到了周边国家。泰国的鱼露、日本的味噌等，都来自中国传统技艺。所以，实际上鲜作为一种神奇的味觉享受，其本源就是人类刻在基因里的对蛋白质的偏好。在味精谷氨酸钠被发现之后，人类又发现了鲜味物质鸟苷酸、核苷酸等，大部分鲜味物质都来自复杂的氨基酸分解、降解。当然，人类的鲜味感受并不局限于氨基酸，有机酸、有机碱、游离氨基酸、核苷酸、鲜味肽等都被定义为鲜味物质，但其中大部分鲜味物质和蛋白质有关。从老祖宗造字也可以看出，“鲜”就是鱼和羊，鱼和羊都是蛋白质来源。

本节的主角是酱油。实际上酱油亦是一种嗜好品，其本质上和甜这种嗜好品没有区别。也有人曾试图证明亚洲人和欧美人之间存在口味差异，比如欧美人口味偏甜，但事实上大多数欧美的零食里都加了大量的盐和谷氨酸钠。同样地，可口可乐也是亚洲人的偏好。饮食习惯可能有所差异，但对于鲜味的追求依然是全人类的共同特征。

酱油及其他调味料行业的门槛本身并不是很高，所以市场上的酱油品牌非常多，那么海天味业是如何从一大堆竞争对手中脱颖而出的呢?

一宗生意，说复杂是相当复杂，大到企业兼并、国际局势，小到柴米油盐、员工斗嘴都要面面俱到；说简单也是相当简单。海天味业做调味料的诀窍，主要是解决两个问题：一个是产能问题，另一个是销售问题。所以，我们看海天味业，就主要从这两个角度。

第一，现代化的产能爆发力。海天味业起源于佛山古酱园。实际上在中国传统酱油环境中，造酱油的传统企业不止一家，海天味业是新中国成立后由 55 家古酱园合并而成，所以历史悠久并不是其关键成功因素，顶多是镀个金。海天味业最关键的成功因素是在 20 世纪 90 年代开始产业规模提升。一方面，1994 年，海天味业通过股改来激励员工，产权政策让老国企药到病除。另一方面，海天味业也是最早以发酵晒池来代替发酵缸的企业，引入封闭式无菌车间、全自动流水线，这些给企业带来了两个好处：从成本上看，人工费用和制造费用是同行业最低的；从质量上看，通过多道人工智能监测和高标准生产，品控能力大大提升。

第二，在销售渠道上开疆拓土。海天味业的营销是传统打法，依然依托传统媒体渠道进行宣传，但是在传统渠道宣传中，其采取了一种更加明智的做法，那就是冠名综艺节目。在过去十年间，传统电视媒体的江山有所松动，视频网站日益崛起，竞争激烈。其中最为核心的竞争莫过于综艺，尤其是各大省级地方电视台，各种综艺玩法层出不穷。海天味业通过反复的用户灌输，逐渐将品牌营销植入到家庭当中，植入到综艺的受众当中，其实很多家中的煮妇、煮夫正是海天味业的消费者。

借着强势的广告营销，海天味业占据了大量销售渠道，虽然当前电商网购非常发达，但实际上调味品还是以线下销售渠道为主，所以占据商场货架空间是其营销的主要目标。通过主力产品酱油占据货架之后，多元化产品紧随其后，比如蚝油、鸡精、拌饭酱等，进一步提高消费者获取商品的易得性、便利性。

除了传统打法，海天味业的成功也和我国食品工业标准化、规模化的趋势息息相关。海天味业自身产能就是标准化和规模化的典范，而我国餐饮行业也在实现规模化和标准化。大量餐馆转型连锁店，而连锁店追求较为统一的食物口感，工业化的连锁餐饮需要大量调味料，并要求调味料生产商打造口感统一、品质稳定的产品，此时海天味业的标准化、规模化与餐饮连锁化、标准化的趋势一拍即合。

除了 B 端业务，海天味业的 C 端业务也蓬勃发展。现在，80 后、90 后开始当家做主，而从小没有厨艺熏陶的这代人，很多都被外卖小哥养活，即使偶尔自己下厨，又想要以最少的劳动换取最美味的食物，此时调味料成为他们的制胜诀窍。和长辈不同，他们放弃了对菜肴原味的追求，追求一种复合杂糅的口味。酱油、蚝油、味精、鸡精，甚至拌饭酱，都成为新的口味密码。

综上，海天味业的生意很简单。长期通过产能建设降低人工成本和制造成本，而在销售端则以综艺冠名的打法来占据C端用户心智，从而完成对商超的铺货，再以标准化口感和规模化供应来占据B端用户，随着我国食品工业标准化和工业化的深入，海天味业实现了规模效应，成为我国味业领域的龙头企业。

三、大自然的搬运工——农夫山泉

一家企业，一开始通过卖保健品赚得盆满钵满，然后转型卖纯净水和汽水又赚得盆满钵满，请问这是哪家企业？实际上这是三家企业，分别是屈臣氏、娃哈哈和农夫山泉。所以，我们先讲讲这类企业的模式特点。

屈臣氏创始人是苏格兰人沃森（Thomas Boswell Watson），这家企业虽然是英国人创办的，从产品到经营理念却是标准中国式的。在清朝，屈臣氏业务可以包括三大块：第一块是屈臣氏药房，其爆款是戒烟药，当时清朝鸦片泛滥，屈臣氏通过铺天盖地的营销来推广戒烟药，甚至请到了李鸿章做广告，至于疗效怎么样，只能说是“薛定谔的戒烟药”，之后在戒烟药的基础上，屈臣氏主打女士药妆和保健品。第二块是始于1903年的屈臣氏蒸馏水，清朝的屈臣氏蒸馏水极尽奢华，两头尖的玻璃瓶还需要专门摆放的蒸馏水架子，屈臣氏将蒸馏水业务保留到了现在，那句“热爱105℃的你，滴滴清纯的蒸馏水”就是屈臣氏蒸馏水的广告语。第三块是屈臣氏汽水，虽然屈臣氏早在1832年就开设了第一家屈臣氏汽水厂，但是到1919年，屈臣氏认为可口可乐会冲击其汽水市场，于是打包9.5万元卖给了华商郭唯一，从此屈臣氏汽水成为中国民族品牌。新中国成立后公私合营，屈臣氏汽水厂并入北京食品厂，很多人的童年回忆北冰洋汽水就来自屈臣氏汽水产品的延伸。不过北冰洋汽水十分可惜，当年“两乐水淹七军”[①]后北冰洋汽水被雪藏了。

无独有偶，另一家从保健品到饮料，再到纯净水的企业是娃哈哈。娃哈哈的创始人宗庆后一开始在学校门口卖冰棍饮料，他发现孩子爱吃零食不爱吃饭，于是就推出了“娃哈哈口服液”，主打的就是让孩子开胃，这款保健品在那个年代也成为爆款。之后娃哈哈利用卖娃哈哈口服液赚到的第一桶金，开发了AD钙奶和娃哈哈纯净水，进而开启了新一代饮料领域的神话。

在卖水领域，娃哈哈和屈臣氏都干不过一个对手，那就是钟睒睒的农夫山泉。钟睒睒是新闻记者出身，在那个改革春风吹满地的年代，钟睒睒停薪留职下海经商，干过不少买卖都不成功，后来他通过人脉拿到了娃哈哈口服液广西和海南的代理权。区域代理权是娃哈哈销售策略的重要一环，但可惜当时定价机制没有搞好，娃哈哈口服液在海南的价格低，在广西的价格高，于是钟睒睒就开始跨区域倒货。好景不长，由于破坏了娃哈哈口服液的定价机制，钟睒睒被娃哈哈扫

---

① 两乐水淹七军：当年可口可乐和百事可乐初入中国，并购和收购七家中国饮料企业，包括北京北冰洋、沈阳八王寺、天津山海关、青岛崂山、武汉滨江、重庆天府可乐、广州亚洲汽水。被人称为“两乐水淹七军”。

地出门。

之后，钟睒睒迅速找到了自己新的定位，他的第一个产品中华鳖精也是保健品，通过当时田径赛场凯旋的“马家军”代言，产品迅速成为第一个爆款。但无论是钟睒睒还是宗庆后都看到了保健品市场的潜在风险，他们很清楚自己的保健品可持续性并不强，于是不约而同地进入了饮料行业。

在卖水这个行当里，娃哈哈崛起在前，后起之秀农夫山泉需要破局，于是农夫山泉开始打造概念。“矿泉水”比“纯净水”更健康，直接和娃哈哈打了一场口水仗，并以矿泉水来占据用户心智，逐渐超越了娃哈哈。

之后，康师傅又被传出“矿物质水”来自自来水，这个传言至今不知道从何而来，但大家很清楚，农夫山泉一直在强调自身的水源地，所以农夫山泉肯定不是来自自来水，这客观上又是一轮此消彼长的舆论攻势，之后农夫山泉彻底占据了矿泉水市场。

当然，一路走来农夫山泉的问题也不少，和各类媒体、各个竞争对手舆论战打得有来有回，其中是是非非已成过眼云烟，有时候已分不清这是竞争对手之间的攻伐，还是因为一瓶水利润太高，导致舆论持续关注。

不过，值得价值投资者关注的一点是：瓶装水不是嗜好品，而是必需品，而农夫山泉以一种独特的营销打法，在必需品领域开疆拓土。对于农夫山泉、娃哈哈、屈臣氏等企业，无论是瓶装水还是保健品，都是一定程度上的“无中生有”，而这种“无中生有”是一种非常强大的营销智慧。当然，这种“无中生有”的能力并非只出现在保健品和纯净水领域。例如戴比尔斯讲钻石故事，例如乳品行业宣扬

“一杯奶强壮一个民族”等也是类似的。

所以，一位营销天才对于企业来说至关重要。如今，功成名就的钟睒睒注意力已不在农夫山泉上，他转向投资万泰生物，在生物制药领域获得了更高的壁垒，也开始淡出大众的视线，但农夫山泉依然有其价值，这个价值在笔者看来，来自以下几点：

第一，渠道。农夫山泉通过矿泉水缔造的销售渠道网络已经遍布全国，甚至青藏高原都是其市场。销售渠道广布增加了产品的易得性，也让农夫山泉可以通过渠道来销售多元化产品。

第二，水源地。既然是植入了矿泉水的消费概念，占领了用户心智，那么占据水源地这件事就顺理成章。占据水源地的好处有两点：其一是矿泉水和饮料可以围绕水源地缩短销售半径，因为瓶装水最大的成本是运输成本，当前农夫山泉有 11 大水源地，基本覆盖了全国销售网络。其二是占据不可再生的水源资源。水源地是一种稀缺资源，占据这些资源往往也能竖起更高的资源壁垒。

第三，农夫山泉卖水，也卖瓶子。PET 的瓶子占一瓶水成本的 3 成，所以当石化产品价格上升的时候，农夫山泉的利润率会下滑。但农夫山泉通过囤积 PET 原料来稳定成本，同时也将成本上涨的劣势转化为竞争优势。

综上，当前农夫山泉依然是一家拥有增长潜力的企业，其已经成为一家中规中矩的饮料企业，也有人说其进入了成熟期，不再具有成长性。根据农夫山泉 2021 年年报数据，其平均净资产收益率为 34.53%，可见其依然是一家盈利能力强劲的企业。看来，“大自然的搬运工”也是“人民币的搬运工”。

四、种草达人——伊利蒙牛

种草达人有两层意思：第一层是真的种草，用草喂牛产奶。第二层是给消费者“种草”，让消费者相信牛奶是健康的象征。

乳制品算是必需品。虽然医学界一直推崇母乳喂养，但现实中母乳喂养以肉眼可见的速度在减少，更多家庭喂宝宝选择奶粉，父母用奶粉替代母乳有多种考虑，比如母亲没有母乳，比如母乳喂奶存在诸多不便，比如母亲害怕身材变形等。各种因素叠加，也说不清哪个因素是主因，反正结果就是婴幼儿的主要口粮已经变成了奶粉。

乳制品是嗜好品。人类对蛋白质的偏好刻在基因里，在整个农耕文明时代，由于大家的主食是谷物，所以牛奶成为不可多得的高档食材，牛奶和糖的组合象征富庶。比如欧洲在形容某个地区富庶的时候会说“流淌着奶和蜜的地方”，虽然牛奶的嗜好品属性没有糖、烟酒那么强烈，但至少和肉类是等同的，起源于人类对动物蛋白的偏好。

乳制品也是概念消费品。消费者追求“含奶量”，认为奶制品有益于健康。经历商家反复的概念植入，牛奶和健康逐步画上了等号。大多数奶制品都是以“含奶量”或者“动物蛋白含量”来评判品质，在消费者潜意识里对含奶量高的奶制品给予更高端的定位。

在中国的乳制品行业，几乎每个细分赛道都有两家内蒙古企业的身影，那就是伊利和蒙牛，伊利比蒙牛规模更大一点，就像可口可乐和百事可乐、肯德基和麦当劳。本来我们应该只讨论其中一家企业，但介于两家企业采取跟随策略，所以很难区分开来，就一起说了。

1989年以前，中国乳制品市场是以国营为主，市场竞争还无从谈起。20世纪90年代，很多国营农场和乳品企业实现改制，转为企业化经营。三元是老国企，起源于北京牛奶总站，成立于1956年，1997年改制成立北京三元食品企业实现企业化运营。伊利前身是呼和浩特市回民奶食品加工厂（国有），1986年郑俊怀接手并实现脱困，1993年改制，至今，伊利的最大股东是呼和浩特投资有限责任公司，这家企业的最终控股方依然是地方国资。从伊利的领导层看，其早年由郑俊怀带领脱困，但真正让其壮大的是潘刚，郑俊怀带领伊利完成从0到1，而潘刚实现了从1到N。

蒙牛则比较特殊，蒙牛的开局是民企。牛根生早年在伊利就职，1983年进入伊利，后成为伊利主管全国生产经营的副总裁，1998年离职，1999年牛根生就拿着100万元成立了蒙牛，并开始和伊利在市场上角力。2009年，由于三聚氰胺事件，蒙牛发生了经营危机，因为其在港股上市，外资收购股份比较方便，为避免外资收购，中粮出手扶大厦于将倾，于是蒙牛成为国企。中粮也给蒙牛带来了改变，众所周知，中粮是当年可口可乐在华地区的代理商，其本身就有运营快消品的经验，也有销售渠道支持蒙牛。当然，中粮入主势必让牛根生对企业的掌控力有所弱化。2021年，牛根生彻底退出了蒙牛，但很多人说，在中粮入主的那一刻，蒙牛的牛根生时代就已经结束了。

蒙牛、伊利虽然是两家企业，但实际上两家企业优势特点大致相同，总结两家企业经营的特点，主要由以下几点构成：

（一）奶源掌控

2021年，我国总产奶量3683万吨，内蒙古产奶量673.2万吨，差不多是全国总产量的五分之一，且由于是传统牧场区，奶源品质较好。伊利、蒙牛的崛起和其天然的地理环境优势密切相关，内蒙古牛奶打天下也是因为这里有优质的草原牧场。

当然，内蒙古是伊利、蒙牛早期奶源地。在2008年三聚氰胺事件之后，伊利、蒙牛在奶源上做了两方面的开拓：其一是和国内奶源供应商合作，以此来稳定奶源。比如通过参股，比如通过提供奶牛养殖技术和设备。这种模式和国外成熟食品企业做法类似，即农业产业企业+奶源供应商+农户的供应链模式。这样做的主要目的是稳定供应链，同时也稳定原材料品质。其二是建设全球供应链，增加全球奶源。比如伊利收购Westland，蒙牛收购澳大利亚奶粉品牌贝拉米。

很多分析师对于伊利、蒙牛的分析集中在销售渠道，某个产品比上月增加了零点几个百分点，有没有爆款，但实际上当前中国乳制品行业的核心问题依然是供应链。三聚氰胺的问题说白了还是奶源供应链的问题。在2008年以前，国产乳品主要是从奶农手中收购牛奶，早年伊利比蒙牛要好一点，因为伊利有传统牧场资产，而蒙牛基本是散奶收购。在2008年以后，国产乳制品企业开始建设多元化供应链，客观上提高了对奶源的议价能力。

当前，中国乳业供应链依然存在问题，即奶源自给率不足和奶贱伤农。据农业农村部食物与营养发展研究所测算，2021年我国奶源自给率进一步下跌至63.3%，比2020年下降了2.2%。进口大包粉依然是我国很多乳制品的主要原材料。

伊利、蒙牛对奶源供应链进行了长期建设，通过国内参股和技术合作的方式来掌握国内奶源，通过全球并购来获得议价能力。伊利、蒙牛在供应链上的优点，却是国内其他乳业企业的缺点，比如贝因美，即便是恒天然参与投资，也改变不了其下滑的命运。

（二）常温奶和巴氏杀菌奶的争夺战

常温奶和巴氏杀菌奶的争夺战由来已久，早年，我国的牛奶采取低温杀菌技术，也就是巴氏杀菌。巴氏杀菌有两种，一种在62℃～65℃保持30分钟，一种在75℃～90℃保持15~16秒。巴氏杀菌奶能够保持一定的营养物质和风味物质，但同时细菌也会再生，所以巴氏杀菌奶必须在7天内饮用，否则就会因为细菌滋生而变质。因为有7天保质期，这种奶被认为是鲜牛奶，但销售半径非常有限。大多数鲜牛奶是地方品牌，如北京的三元、上海的光明、河南的花花牛。因为温度不高，很多巴氏杀菌奶可以用玻璃瓶装。当下，有些小区还保留着送奶箱，就是为巴氏杀菌奶配送业务准备的。

常温奶技术实际上是高温杀菌技术，在135℃～150℃维持2~3秒，这样牛奶内的细菌杀灭更加彻底，保质期也更长，但这需要有无菌包装以防止外部细菌进入。此时就不得不说控制着全球无菌包装九成份额的瑞典利乐包装。20世纪90年代有专家说日本人平均身高上升是因为喝牛奶，这个观念深深植入中国老百姓的意识中，甚至一度推进了中小学营养午餐计划。其实植入这个观念的不是乳品企业，而是利乐包装。利乐包装主营无菌包装和灌装设备。当时很多中国企业买不起几千万的利乐包装设备，于是利乐就半卖半送，并要求中国企业使用利乐包装材料后就不能再向第三方购买包装材料。利乐包装的费用在常温奶成本中占三四成比重，大约是奶企利润的一半。利乐用数千项专利竖起专利墙，阻止竞争对手，大半个世纪过去了，利乐包装几乎没遇到过像样的对手。

利乐包装在国外无菌包装市场占九成份额，在国内占九五成份额。当时伊利和蒙牛都和利乐合作推出了常温奶，这种奶从营养上略逊于巴氏杀菌奶，毕竟高温杀菌会破坏一些营养成分，但是可以大大提升销售半径，销售半径对于规模化是非常重要的。

于是常温奶和巴氏杀菌的传统“鲜奶”展开竞争。竞争很快分出了胜负，2004 年《食品标签国家标准实施指南》颁布，该指南里提及“加工食品不能称‘鲜’”，这就意味着巴氏杀菌奶不能再称为“鲜牛奶”，从称谓上要和常温奶平起平坐。指南原定在 2005 年施行，但各方争议不断，延迟到 2007 年执行，又在 2008 年 1 月 1 日禁止。

虽然“禁鲜令”废止，但很多地方奶企的巴氏杀菌奶业务受到影响，常温奶的销售半径优势开始发威。伊利、蒙牛“大军压境”，通过规模优势和低价策略，迅速击垮了很多地方品牌。剩下的奶企诸如三元和光明，市场份额也被大幅度压缩。

综合来看，常温奶真正的赢家是瑞典利乐，它拿走了大量的利润。但作为投资者要看到一点，那就是食品工业的标准化和规模化趋势势不可当。这几年食品工业各个领域都在发生改变，比如餐饮连锁店，我们在后面探讨预制菜的时候还会提到这个话题。实际上常温奶是一种不可逆的食品工业发展趋势。

伊利、蒙牛选择常温奶的策略是成功的，虽然时至今日，常温奶和巴氏杀菌奶依然存在争议，但结果就是常温奶大获全胜。面向未来，常温奶带来的好处主要有三点：

（1）中国人均牛奶需求量还有提升空间，而巴氏杀菌奶的产业链效率较低，需要常温奶来填补空间。国家统计局发布的《居民收入继续稳步增长，居民消费支出持续恢复》一文中指出，2021 年中国人均奶类消费量 14.4 千克，折合 40 克 / 天，只能达到推荐量 300 克 / 天的 13.3%。与之相对应，2021 年我国产奶超过 100 万吨的省份是内蒙古、黑龙江、河北、山东、宁夏、河南、新疆、辽宁、山西、陕西。人口集中的长三角和珠三角都缺少奶源，所以巴氏杀菌奶实际上不利于奶制品消费的普及。

（2）瑞典利乐包装的垄断地位在松动。“利乐叛将”洪刚创办了纷美包装，成为利乐包装在中国最有力的竞争对手。虽然至今纷美包装的表现还不够出彩，但总算是有企业出来叫板行业霸主。当然，打破无菌包装的技术壁垒任重而道远，中国反垄断法未来也会发挥一定的作用。

（3）常温奶对销售渠道更加友善。大多数软饮料和常温奶是同等保质期的，这对于伊利和蒙牛这样的企业来说，就可以发展其他乳品饮料，实现多元化。这样既可以使用同一销售渠道，也适合线下铺货。

综上，可以看到伊利、蒙牛的常温奶策略是赢下全国市场的关键，但它们是否能够通过自身的努力和尝试摆脱利乐包装的供应链掌控，则是未来飞得更高的关键。

（三）利用广告投放植入牛奶健康概念

和电视综艺合作拓宽产品市场是伊利营销的主要手段，这点和海天酱油的推广异曲同工。伊利曾和《奔跑吧兄弟》《我是歌手》《乘风破浪 3》《萌探探探案 2》《中国说唱巅峰对决》《新游记》等节目合作。蒙牛最有名的是和当年的《超级女声》合作，这几年也在一直找选秀流量节目合作。

可口可乐早年的成功在于树立广告牌，在城市中任何一个角落抬头都能看到可口可乐标志。中国奶业的竞争主要占据电视中的综艺节目。这种营销方式并不很高明，但确实有效，这些综艺节目面向特定观看人群，伊利、蒙牛就是针对这些观看人群做植入。比如蒙牛酸酸乳和《超级女声》合作，明确就是针对年轻人群体。所以，蒙牛、伊利虽然赞助过很多节目，但赞助节目的具体产品并不相同，这源自其细分产品的市场定位不同。

除了定位不同的消费者，增加展现之外，伊利、蒙牛通过广告向消费者植入了健康的概念。乳制品是保健品吗？牛奶算一种蛋白质含量较高的食物，有好处，但没有那么显著的好处。对于乳企来说，一方面要向消费者植入健康概念，另一方面也要掩盖一些不健康的成分，比如酸奶中的糖分，糖分是不健康的，但是不加糖的酸奶是吃不消的，所以既要让消费者认为酸奶健康，又要让消费者忘却糖分带来的问题。

（四）掌控销售渠道

2022 年夏天，“雪糕刺客”成为社会焦点。很多人发现了一个残酷的事实：低价雪糕逐渐退出超市等销售渠道，不是因为低价雪糕的品质问题，而是低价雪糕太便宜，对于销售渠道来说无利可图。比如 1 元的雪糕，便利店销售顶多几毛的利润，但 60 元的雪糕，哪怕是 10% 抽成也是 6 元的利润。同样是一根雪糕，便利店当然选择卖贵的。

“雪糕刺客”这件事发酵很快，消费者开始集体抵制雪糕刺客的入侵，想要通过自己的消费行为，倒逼商超重新卖那些便宜的雪糕产品。那么，这件事最终会如消费者所愿吗？

其实“雪糕刺客”事件真正的赢家是伊利、蒙牛。雪糕的核心还是牛乳，而伊利等乳企的定位一直就是中端市场。便宜雪糕回得来吗？其实回不来，因为线下渠道依然不会接受，赚钱是硬道理。在生产模式上，低价雪糕很多是贴牌的，这种生产模式一方面没有很大的量，供应链不稳定，另一方面产品控制能力也很弱。这些因素让低价雪糕很难规模化和标准化。

我们谈论消费品的时候经常念叨：得中产者得天下。中国经济发展的大方向是中产阶层人群越来越庞大，这个群体在生活上追求一定的品质。为什么“雪糕刺客”能红？60 元一根的确很贵，但这个价格对于中产阶层是可以承受的，这和星巴克 30 元一杯的咖啡道理是一致的。价格不便宜，但拿起来到收银台，大多数中产阶层是不好意思放回去的。商家就利用了这个心理。也有些中产阶层向往阶层跃升，于是会买奢侈品来装点自己，比如有人会拍照发朋友圈，让自己看上去很幸福。这就是高价雪糕的卖点。

伊利、蒙牛的产品定位大多数在中产阶层可承受的范围。伊利、蒙牛没有“雪糕刺客”那么贵，但是比贴牌产品要贵一点，这是中产阶层满意的价格区间，也是其在品质安全和价格高低间找到的最佳平衡点。很多农村地区依然用一箱常温奶作为拜访的礼物，说明伊利、蒙牛虽然是快消品，但其产品格调很稳定。不高不低，刚刚好。

另外，伊利、蒙牛单个产品抽成可能不高，但销售渠道不会拒绝它们，因为它们有一系列的产品，如果你是便利店店主，你拒绝了巧乐兹，你拒不拒绝优酸乳、安慕希？对于便利店店主来说，伊利、蒙牛整个冷饮系列的利润是非常可观的，也是无可替代的。

综上，伊利、蒙牛虽然经常因为各种突发事件而声名受损，但不能回避的是，伊利、蒙牛在乳业的地位在不断提高，也许，光明和三元这些地方国资下的品牌尚有一战之力，但很可惜，这些企业都面临奶源的瓶颈，虽不至于被伊利、蒙牛打败，但市场份额被蚕食还是常见的。伊利、蒙牛用常温奶抓住线下渠道之后，反过来再做低温巴氏杀菌奶和中温奶（常温奶高温杀菌和巴氏奶低温杀菌之间温度的一种奶，保质期 30 天左右）。随着老百姓生活水平的提高，在意营养流失的人也在增加，巴氏杀菌奶其实并没有被打败。

第四章

新型消费品的内在投资逻辑

本章我们主要围绕行业展开。新型消费品不包括科技消费品，而是基于市场潮流而崛起的几个消费品行业，在这些行业中，往往市场格局还没有完全定型，所以，我们并不会将重点放在个股上，而是将重点放在行业上。很简单的道理，一个行业从无到有，存在很多的不确定性，行业中的龙头企业还没有定型，市场前五的企业还在你追我赶。所以，笔者认为，对于这类消费品行业，重点是让价值投资者形成一定认知，在未来竞争中逐渐权衡各家龙头企业的优势和劣势，选择其中脱颖而出的企业。

一、预制菜行业——“懒人”厨师的未来

探讨酱油的时候，我们谈到酱油借了我国餐饮业标准化、规模化的东风。预制菜行业也一样。据 NCBD（餐宝典）统计，2020 年我国预制菜行业的市场规模约为 2527 亿元。历史上，美国的预制菜行业源于 20 世纪 40 年代的冷冻技术，而日本的预制菜行业始于 20 世纪 80 年代的经济泡沫期，几乎和各国国内连锁店发展趋势同步，如 SYSCO、康尼格拉、泰森、日冷、神户物产等已经成为食品加工业巨

头的企业。2020年美国的预制菜市场规模为454亿美元（以6.5元人民币/美元汇率兑换，为2951亿元人民币）。美国人的饮食单一，食品产业严重依赖工业标准化生产，从而奠定了预制菜市场的发展基础。SYSCO是美国预制菜龙头，占据美国预制菜市场份额的16%。

日本的预制菜行业始于日本泡沫期，但成于日本萧条期，在日本失去的“30年”中，预制菜逐渐体现出较高的性价比，而老龄化和“单身经济”“宅文化”等的崛起，让日本人更加热衷于在家囤积各类速食产品。在泡沫经济时期，日本预制菜行业发迹在B端，而在萧条期，日本预制菜行业逐渐向C端用户渗透。2020年日本预制菜市场规模约为238.5亿美元，市场渗透率高达60%。日本预制菜龙头企业是日冷，占日本预制菜市场的两成左右，2020年其净利润达315亿日元（约15.93亿元人民币）。另一家比较有代表性的味之素，既是预制菜企业，也是调味料企业。

预制菜为什么火爆？预制菜又能否在中国火爆？我们看视频做菜经常会遇到几个表述：“适量”“少许”。对于新手来说，这是一个痛苦的过程，微小的调料误差，往往让口感“瞬间崩塌”，在家做饭的我们只是毁了一锅菜，而若是一个厨师，在餐饮业的后厨，一个细微的问题就会导致出餐混乱。所以在欧美的连锁餐饮中，比如麦当劳、肯德基等，都将餐品制作进行拆分，从而降低员工的技术门槛，既可以大量招收无技术的员工，也可以大量复制餐馆模式。我们前文在谈星巴克的时候说过，正是因为星巴克使用自动咖啡机，使咖啡师的门槛下降，其在劳动力招聘上就减少了障碍，从而奠定了其疯狂扩张开店的基础，而一旦拥有广覆盖的店铺，就要考虑口味统一的问题，所以星巴克就向上游供应链提出要求，按照星巴克咖啡机的要求来供应咖啡豆。预制菜产业其实就是如此发展起来的，连锁化企业追求口感统一、标准化，并且连锁化餐饮企业不想受制于厨师的技术门槛，想要实现快速扩张。

不过，中国预制菜行业和日本、美国发展的阶段是不同的。中国预制菜行业尚未完全普及，原因有两个：一个是中餐不太好标准化。中餐内容太丰富了，预制菜企业最希望品类少，容易标准化，美国和日本都是如此。另一个是中国的农产品供应还没有完全标准化，菜农依然存在零散状况，当前供应链中比较接近标准化的是肉类，所以大多数走上规模的预制菜或者冷冻速食产品，都是围绕粮食和肉类展开，比如饺子、包子、丸子等。

B 端餐饮逐渐摆脱厨师，所以需要预制菜。C 端的个人消费者也开始寻求简单的烹饪方式。预制菜也是一种嗜好品，这种嗜好是“懒”。“懒”使人进步，人类因为懒而利用机械转化能源来驱动生产。如自热火锅、自热米饭等预制食品在保证基本口感的同时，大幅简化了烹饪流程，为人们释放出大量的空闲时间。2020 年以来的新冠肺炎疫情加剧了这种趋势，因为大家开始囤积熟食和预热食品，囤货的初衷是如果外卖停送可以以此充饥。但现实情况却是这些预制食品在不知不觉中成为一种消耗品，我们也在用这些食品来调剂饮食。另外，吃火锅未必要去火锅店，专业配送火锅食材的预制菜企业也在崛起，这种趋势甚至让连锁店的“小火锅”生意有所退潮。

C 端预制菜的未来发展空间也很大。实际上，方便面等速食也属于 C 端预制菜的概念，且在 20 年前也出现过火爆大江南北的状况。C 端预制菜可以看作是一种速食的升级，从方便面到自热火锅，再到预制净菜和即热食品。随着收入提升，大家不再满足于吃简单的方便面，想要速食有菜有肉，所以速食的客单价进一步提升，再加上我国社会结构的变化，城市“单身青年”、不想做菜的“老年人”越来越多。很多次笔者在野餐游客的餐食中，也看见了自热米饭、自热火锅的身影。

哪些企业将在预制菜领域大杀四方呢？

按照加工程度，预制菜分为净菜、半成品菜、成品菜。按照保存方式，预制菜又分为常温、冷藏和速冻。根据食用方式，预制菜分为即配（比如配好的净菜）、即食（比如开袋即食的鸡爪）、即热（热一下食用）、即烹（比如泡面）。从预制菜企业来看，又分为专业预制菜企业、速冻企业、农业企业、餐饮企业（比如海底捞配送火锅净菜）、零售企业。这条产业链的核心包括三个方面：首先是专业预制菜企业，它们是“专业跑手”，比如味知香。其次是速冻企业，渠道稳固，比如安井食品。最后是零售企业，是速食领域的“新贵”，替代统一、康师傅、日清等前辈，比如自嗨锅。

二、培育钻石——取代戴比尔斯

“钻石恒久远，一颗永流传。”戴比尔斯的世纪广告语似乎不断地向人们灌输钻石将永远涨价的消费观念，实际上但凡学过一点物理学知识，我们都知道钻石的基础元素是碳，钻石是石墨、煤炭的同素异形体。钻石形成于特殊的地质结构，高温高压的自然条件让碳元素重构成了天然钻石。当前已经探明的钻石储量为 25 亿克拉，且每年都能发现新的矿产，所以，天然钻石并不稀缺。

（一）资深钻石行业缝补匠——戴比尔斯

钻石并不稀缺，那么如何让钻石价值连城？没有条件制造条件也要上，戴比尔斯通过控制供应链的方式来控制钻石产量，从而人为制造稀缺性。

在戴比尔斯之前，钻石矿很少，但每一次钻石矿的新发现都会冲击钻石市场。市场铁律是供给增加，需求不变，价格下跌。一开始钻石在印度开采，19 世纪 20 年代巴西发现了钻石矿，1869 年南非也发现了钻石矿。每一次钻石矿的发现都会吸引大量的开采者，而新钻石进入市场就会造成钻石价格的下跌。1880 年塞西尔・罗德斯创建了戴比尔斯，他觉得钻石商人玩的游戏都过时了，戴比尔斯通过购买地皮和吞并钻石开采企业，一点点地将全球钻石矿控制在手中，至 1902 年戴比尔斯已控制了全球 9 成的钻石矿。掌握钻石供应链之后，戴比尔斯第一步就是解雇大量工人来减少钻石产量。戴比尔斯对销售渠道具备了话语权，只对少部分钻石经销商供货。戴比尔斯也没有放过钻石加工行业，制定了钻石 4C 标准。至此，钻石开采、加工、销售渠道三个关键点由戴比尔斯全面掌控。

戴比尔斯的创始人罗德斯很清楚钻石稀缺的重要性。但在戴比尔斯百年历史中，有两样东西其无法掌控：一是经济萧条，毕竟钻石不是粮食；二是新钻石矿的发现。

对于经济萧条，戴比尔斯的做法也很简单，那就是减产。1929—1933 年美国出现经济大萧条，1932 年戴比尔斯暂时关掉了所有矿井，从而保证了钻石价格。在历次经济萧条中，戴比尔斯都进行了钻石减产。

对于发现新钻石矿，戴比尔斯的策略就是迅速参股和收购这家发现新钻石矿的企业。早在1887年，罗德斯的戴比尔斯钻石企业和巴纳托的金伯利钻石企业相互倾销，导致钻石价格暴跌，后来双方都看到了价格战毫无意义，于是戴比尔斯收购了金伯利钻石。20世纪50年代末，苏联在西伯利亚发现钻石矿，戴比尔斯的代表迅速飞往莫斯科，以一个苏联人“无法拒绝”的价格买下钻石矿，并在苏联解体后进一步加码。

戴比尔斯唯一输的“战斗”是与阿盖尔的“战斗”。澳大利亚的阿盖尔钻石矿也是戴比尔斯的老冤家，一开始阿盖尔想要借助戴比尔斯的渠道与其合作，但戴比尔斯没有重视粉钻的价值，1999年阿盖尔钻石矿和戴比尔斯解除合作。阿盖尔钻石矿产出的是粉钻和红钻等稀有的彩钻，占全球彩钻产量的9成。后来力拓收购了阿盖尔从而介入了这个产业，成为戴比尔斯在21世纪重要的竞争对手。不过力拓在2020年宣布将逐步关闭阿盖尔钻石矿，可能是因为戴比尔斯控制了渠道，也可能是嗅到了新的对手——培育钻石的时代即将到来。

需求不足时减产，供给过剩时买断，构成了戴比尔斯持续百年的钻石产业，生生将一种并不稀缺的资源打造成全球最贵的装饰品。戴比尔斯就好像钻石行业的修补匠，当供给过剩、需求不足的时候，它就跳出来修补市场的漏洞，从而维系钻石制品的售价。不仅如此，戴比尔斯还有一招撒手锏，那就是营销。

戴比尔斯的营销和几个元素深度绑定：爱情、女性、中产阶层、虚荣心。我们说消费品要成为爆款必须具备文化属性，戴比尔斯的营销几乎囊括了营销领域最重磅的元素。核心是和爱情绑定，创造了一个场景，求婚的时候男子双膝跪地，打开首饰盒，钻石戒指闪闪发亮。最牛的营销就是“无中生有”，戴比尔斯将钻石和爱情绑定之后，钻石的巨大需求被打开，由于爱情概念的存在，钻石不会流入二级市场，毕竟谁也不想把自己的爱情给交易了。同时戴比尔斯通过切割小型碎钻，将钻石制品渗透到中产阶层，并激起其虚荣心。

戴比尔斯在钻石领域如此成功，但钻石帝国的光芒已如夕阳余晖，即将落幕，因为，培育钻石来了。

（二）钻石行业的私人定制——培育钻石崛起

钻石不就是碳嘛！我国人造钻石产业兴盛的原因倒不是爱情，而是“分手”，1960 年左右，我国工业重要硬度材料金刚石断货，本着自力更生的想法，我国开始自己着手累积技术，摆脱外部依赖。于是我国金刚石产业蓬勃发展，当前，我国工业金刚石产量占全球人造金刚石产量的 9 成。会造金刚钻，敢揽瓷器活。培育钻石最早的机器来自俄罗斯，苏联解体后，俄罗斯对苏联遗产大甩卖，1995 年，俄罗斯人将一批设备卖给了美国人卡特·克拉克。这些机器本身是用来模仿地球中心环境的，从而分析压力对矿物形成的影响，刚好钻石的形成条件是高温高压，于是这些机器就成了生产钻石的机器。卡特·克拉克买来这些机器开始生产培育钻石，戴比尔斯当然不想放任培育钻石的产生，横加阻挠，但是潘多拉的魔盒一旦开启，再要合上则很难。因为不只是卡特·克拉克，中国人培育钻石的生产能力也崛起了。

当前我国培育钻石的产量占全球培育钻石总产量的一半，且主要是通过高温高压法来制造培育钻石，我国 9 成的培育钻石产能在河南省。

培育钻石的制造方法主要有两种：一种是高温高压法（HTHP），

另一种是化学气相沉积法（CVD）。

我国培育钻石主要依赖HTHP技术。HTHP通过高温高压模仿自然界中钻石的形成过程。顶压机制造压力，在超高温（1300℃～1600℃）下，一侧放石墨，另一侧放钻石籽晶，在金属触媒粉的催化下，碳素流动到籽晶处遇低温形成结晶。HTHP技术产出的培育钻石完全符合钻石的4C标准（色纯、净度、切割、克拉），但是相比于CVD技术产出的培育钻石，钻石净度略低。

虽然CVD在我国不够普及，却是1952年就有的技术。籽晶放在惰性气体当中，用微波束激发碳素，分解出碳离子，碳离子沉积在惰性气体的籽晶当中。CVD对于温度和压强的要求较低，产出的钻石杂质少净度高，但是色纯不佳，需要HTHP改色，不过由于净度好，其培育钻石的销售价格更高，由于成型比较大块，适合出方钻。用HTHP和CVD技术得到的是钻石毛坯，而毛坯经过切割和天然钻石基本没有区别。

从销售价格来看，当前培育钻石是天然钻石销售价格的1/4，但事实上大量利润被终端钻石销售商赚走，规模化生产条件下培育钻石的实际成本是天然钻石的1/10左右。之所以培育钻石一直没有替代天然钻石，主要原因还是戴比尔斯等钻石商的阻挠，他们害怕稀缺性被破坏，会让钻石价格体系整体崩溃。不过，转折点在这几年出现。

2018年7月美国联邦贸易委员会（FTC）改变了沿用62年的“钻石定义”，承认“培育钻石”也是钻石。继而，2020年珠宝界重量级权威认证GIA证书正式修改评级标准，不再对钻石区分培育和天然之别。也就是说，培育钻石和天然钻石之间不再有“贵贱”之分。

戴比尔斯推出了培育钻石品牌Lightbox，虽然其还没有正视这个趋势，比如在员工手册中要销售员强调培育钻石和天然钻石的区别，告诉用户不能在高级场合佩戴培育钻石，比如研发区分天然钻石和培育钻石的设备，但实际上培育钻石到来已是大势所趋。

最终，钻石的稀缺性将被打破。从钻石商的角度，依然可以通过控制培育钻石产量来打造稀缺性。对于天然钻石的出口国家，这并不是一个好消息。但是对于中国，一个培育钻石、人造金刚石生产的大国，则是一个非常显著的好消息。

（三）培育钻石的中国军团

目前培育钻石对下游C端的市场渗透不足4%，因为天然钻石商还垄断着大部分需求，但预期这种态势在未来可能会扭转。我国培育钻石产业的优势在上游领域，主要是六面定压机，其中比较有代表性的企业包括：中兵红箭、力量钻石和黄河旋风。目前上游的话语权可能还需要下游的配合。如果下游珠宝商不认同培育钻石，尤其是国产珠宝品牌对培育钻石不够重视，那么短期内培育钻石产业可能无法打通下游。我国培育钻石是将钻石毛坯先出口到印度，由印度加工后再流入钻石经销商市场，最后打造成首饰的。未来需要探索培育钻石的全产业链模式。

戴比尔斯的经验告诉我们，钻石要走全产业链发展道路。就好像澳大利亚阿盖尔矿能够将戴比尔斯一军，其实中国的培育钻石也能将戴比尔斯一军。培育钻石的生产门槛并不是很高，而一旦在上游形成产能优势，再利用国产首饰品牌打通下游培育钻石渠道，那么中国培育钻石产业的春天就会到来。

三、宠物经济——“它”的衣食住行

根据中国畜牧业协会宠物产业分会和宠物行业大数据平台制作的《2021年中国宠物行业白皮书》统计，2021年中国宠物猫的数量是5806万只，同比增长19.4%；宠物狗的数量是5429万只，同比增长4%。猫狗宠物总数超过了1.1亿只，1亿只宠物“小主”背后是超过1亿个“铲屎官”，而1亿个“铲屎官”堆叠的消费能力绝对不容小觑。

2021年中国宠物狗市场规模达1430亿元，宠物猫市场规模达1060亿元，加总为2490亿元。回过头看，2010年我国的宠物猫狗市场规模只有140亿元，2020年的规模是2065亿元，10年间宠物猫狗市场的规模复合增长率高达30.9%。

我国宠物市场正在进入成长期，市场需求不断扩展，国产宠物食品、用品、医疗、服务等行业逐步走向正规化，并逐步实现对进口宠物商品的替代，市场潜力正在逐步体现。

从短期看，2022年年中宠物用品市场还存在很大的不确定性。2020年，宠物市场规模同比仅增长了2%，原因是新冠肺炎疫情导致宠物猫狗活动空间收缩，当然这也客观导致养猫的用户逐步增多，因为狗需要遛。新冠肺炎疫情期间也存在一些宠物猫狗传播新冠病毒的风险，使得很多养猫养狗的新手用户望而却步。

但从长期看，宠物市场具备很好的市场潜力，未来还有很大的增长空间，宠物市场增长的因素包括以下几点：

（1）单身经济催生宠物需求。单身经济和银发经济是宠物经济的重要推手，我国养宠物的家庭情况和欧美有所不同。欧美养宠物的以有子女的家庭为主，宠物大多数是孩子的玩伴，孩子和宠物一起成长。欧美的人口密度比较低，房子以独栋为主，一般会有花园，宠物活动空间也比较大。我国有子女的家庭则会斟酌，由于家庭人口比较多，室内空间过于紧凑，又多是在楼层居住，所以往往没有心思照料宠物（当然并不绝对）。现阶段我国养宠物人士依然以单身人士和老年人为主。2021 年的统计年鉴显示，我国一人户家庭已经超过 1.25 亿户，对于这些家庭，宠物的陪伴尤其重要，可以为单身者带去心灵慰藉。

（2）宠物喂养方式的改变提高了单只宠物的开支。2021 年中国单只宠物狗的年消费是 2634 元，单只宠物猫的年消费则是 1826 元。对于宠物，不同年龄段的人有不同的养法。老一辈一般“随心养”，狗主人吃啥狗吃啥。年轻一辈一般是“甩手养”，自己做饭都成问题的狗主人一般会依托于宠物产业，通过电商囤积各类宠物用品。

（3）宠物用品和宠物服务的种类越来越多。养宠物人士也需要出门，如果不能带上宠物，则需要寄养，寄养服务便逐渐兴起，寄养价格不菲，从每天 50 元到几百元不等，价格与宠物活动空间、服务规格、宠物大小等因素挂钩，有些报价比住酒店还贵。还有疫苗，2021 年宠物猫和宠物狗的免疫率都不到 50%，随着城市宠物免疫政策的收紧，未来宠物的免疫率将进一步提升，其中猫疫苗只有进口的硕腾的妙三多，2020 年新冠肺炎疫情期间甚至出现了猫疫苗短缺。这些需求都将使得宠物消费更加多元。

综上，目前养宠物猫狗的家庭越来越多，喂养方式的改变使单只宠物的开支逐渐上升，再加上服务内容的多元化，很多养宠物的痛点被发现，种种因素都会让中国的宠物市场在未来呈现井喷局面。

对于国产宠物口粮、用品、服务等，国产品牌的口碑正在提升，我国宠物口粮、用品企业，早年都是从代工起家，逐步探索建设独立品牌，走多品牌战略。一方面，随着我国宠物产品制造能力的提升，国产宠物口粮、用品与国际上大牌的品质差距在缩小，甚至实现反超。另一方面，价格因素也是推动国产宠物口粮、用品大行其道的关键，具备性价比的国产宠物用品在未来更好卖。

本章我们主要讲的是新兴行业，聚焦行业整体潜力，但和前面预制菜和培育钻石一样，我们并不知道哪家企业能在宠物用品行业中脱颖而出。国内很多宠物用品企业尚未形成技术壁垒和市场壁垒，部分企业已经初具规模，但宠物新品牌也层出不穷，宠物商品依然是双向流动的情况，没有形成一家独大的局面。

下面，我们来聊宠物的各个细分领域。

（一）宠物食品

猫狗是家庭宠物中的主力，所以我们关注的焦点在猫狗食物上。中国宠物行业白皮书显示，2012—2021 年我国宠物食品的市场规模从 157 亿元增长至 1282 亿元，年均复合增长率（CAGR）达 26.3%。宠物食品的增速总体低于宠物消费增速，但仍然是高速增长。

我国领先的猫狗宠物食品生产企业有四家，分别是：中宠股份、乖宝股份、佩蒂股份和福贝股份。其中中宠和乖宝是头部企业，佩蒂以咬胶和零食为主，福贝主要市场在国内。从上市层面，中宠和佩蒂是上市企业，乖宝在冲击创业板 IPO。在收入方面，2021 年乖宝营收达 25.75 亿元，中宠达 28.82 亿元，佩蒂达 12.71 亿元。从研发费用来看，2021 年乖宝研发费用达 5936.17 万元，中宠达 4129 万元，佩蒂达 2266 万元。

综合看，当前比较靠前的宠物食品企业是中宠和即将上市的乖宝。乖宝由于主要出口地是美国，受到关税政策的影响，所以需要收购海外企业，其收购了美国宠物品牌，代理了新西兰品牌，自营主力品牌为麦富迪，由于乖宝在本书成形之时尚未实现 IPO，所以在信息完整度上还有不足。

中宠则是比较老牌且成熟的企业。在国内电商平台上，中宠主打“Wanpy 顽皮”“Zeal 真致”“Toptrees 领先”三个核心品牌，表现中规中矩。中宠境外营收占其总营收的 76%，所以对全球经济和汇率较为敏感。但这几年其加强了国内宠物食品品牌运营，未来中宠品牌的国内口碑将逐步上升，如无意外，中宠能够成为宠物食品行业中的规模龙头企业。

佩蒂则主要经营咬胶和零食，主粮有，但很少，海外营收占其总营收的 83.45%，比较遗憾的是，查询佩蒂几个子品牌在国内的表现，总体上不太理想，可能国内和国外对于咬胶的消费观念存在差异。

（二）宠物用品

宠物用品实际上比较宽泛，我们关注一些有代表性的企业。

一家是 2021 年上市的依依股份，这家企业主要做宠物卫生用品，不是猫砂，而是一次性宠物用品，包括宠物垫、宠物纸尿裤、宠物清洁袋、宠物湿巾等。早期这家企业做个人卫生产品，目前其个人卫生产品仅仅 2500 万元营收，而宠物卫生用品有 12.42 亿元的营收。和前面企业一样，其海外业务占企业总业务的份额较大（94%），这也客观上说明了当前国内很多人还没有习惯使用宠物垫、宠物纸尿裤，这些商品主要是面向宠物出行场景。

另一家是准备 IPO 的源飞宠物。这是一家 2004 年成立的老牌宠物用品企业，其涉足的宠物领域非常广，产品包括宠物牵引用具、宠物零食和宠物玩具等，其中宠物牵引用具是其核心产品，占其营收的五成以上。数据显示，2018 年、2019 年、2020 年及 2021 年上半年，源飞宠物宠物牵引用具的销售金额分别为 2.37 亿元、3.30 亿元、3.52 亿元、2.95 亿元，狗绳每年卖 3 亿元也是相当可观的。2018 年、2019 年、2020 年及 2021 年上半年，源飞宠物的营业收入分别为 4.35 亿元、5.15 亿元、6.08 亿元、4.79 亿元，外销收入占主营业务收入的比例分别为 97.36%、94.91%、95.50%、95.74%。国内销售收入不足 5%，所以也是墙内开花墙外香。

（三）宠物疫苗

宠物疫苗是我国比较薄弱的一个领域。

在猫疫苗方面，当前国内缺少猫用疫苗，比较普遍的猫三联疫苗是妙三多，其所有者是辉瑞旗下的硕腾，这是老牌宠物和家畜用药品、疫苗厂商。国内宠物疫苗市场 9 成是外企天下，包括硕腾、梅里亚、英特威、法国维克、勃林格殷格翰和海博莱等。近几年我国在狗用疫苗上的探索有所突破。其中，生物股份的狂犬病疫苗已经上市，但犬三联、犬四联、猫三联还在研发阶段。科创板科前生物以研发犬四联和狂犬病疫苗为主，已经获批。普莱柯和康华生物还处于布局阶段。没有上市的初创企业中，爱宠生物的犬三联获批，猫三联进入临床，这也是国内唯一一个进入临床的猫三联疫苗。

总体上，过去我国对宠物生物疫苗重视不够，2000 年，夏咸柱院士及其团队成员研制出犬五联苗，奠定了我国犬类疫苗的技术基础，所以大多数企业都围绕狂犬疫苗和犬类的多联疫苗布局。猫疫苗一直是我国的技术瓶颈，猫三联疫苗专门针对猫瘟、猫杯状病毒、猫鼻支这三种传染疾病。猫第一年要打 3 次，未来每年打 1 次。当前妙三多疫苗缺货，缺货前价格 50~60 元一针，缺货时涨到 180~200 元一针。因为是独家疫苗，所以企业也是赚得盆满钵满。

综上，在宠物周边领域，最有前途也是最硬核的是宠物疫苗，这个领域国产替代有很大空间，市场空间十分庞大，但这么多年一直没有实现市场破局，说明门槛也很高。作为投资者可以重点关注。

宠物食品和宠物用品的门槛比较低，近几年国内科学养宠的比例上升，但主要还是在吃饱层面，宠物食品品牌在国内已占有一定份额，但是尚未实现品牌普及。中宠股份在国内宠物食品零售上算是比较优秀的企业，虽然宠物食品门槛比较低，但其稳定性还是可以的。在宠物用品方面，无论是依依股份还是源飞宠物，国内品牌普及都是个漫长的过程，需要培养用户习惯，比如依依股份要培养饲主的卫生意识，不过一旦开拓成功，国内庞大的市场对其业绩来说将是很显著的增量。

宠物是个新兴领域，竞争尚在持续，这个领域有空间，但积淀品牌口碑需要漫长的过程。比较难的一点是：宠物并不会表达食物是否好吃，用品是否舒适。有些宠物食品会诱食，让宠物增加食欲，但这并不是宠物最好的选择。所以，一时兴起的品牌不一定能持久，而在国外打拼多年的企业则在保持品质上更有经验。所以，中国宠物产业来日方长。

四、剧本杀——“生死”一线牵

剧本杀行业当下并不好做，但笔者认为，很多行业的萧条存在特定背景，如果时间能够将负面因素消弭，那么戴维斯双杀的行业也可以在未来实现戴维斯双击。在开头必须要说明，笔者不建议大家去开剧本杀店，因为开店门槛低，缺乏壁垒的行业竞争激烈。小的剧本杀店，需要和其他店家竞争剧本内容，以新剧本来吸引客户，也要和其他店家争夺 DM（Dungeon Master，剧本杀主持人）。剧本杀分为圆桌剧本杀和实景剧本杀，实景剧本杀在寸土寸金的大城市，不是随便谁都能开的。圆桌剧本杀门槛要低很多，但圆桌剧本杀的体验也会打折扣。

虽然笔者不建议大家去开剧本杀店，但笔者还是看好剧本杀这个行业。因为这是年轻人的需求，一代人有一代人的文化，一代人有一代人的喜好，笔者这代人曾经的聚会场所是 KTV，过去 KTV 的繁盛很多人是有切身体会的。年轻人只是将 KTV 聚会转变为剧本杀聚会而已。

谈剧本杀这个行业，投资者需要反其道而行，先谈为什么当下剧本杀行业不行，再谈为什么未来剧本杀行业具备潜力，最后说什么样的剧本杀企业会有市场前景。

（一）为什么现在剧本杀行业不行

首先，青春才几年，疫情占三年。剧本杀虽然有线上形式，但对于年轻人来说，把线上剧本杀归入游戏门类更加合理，且线上剧本杀和线下剧本杀完全是两个层面的内容。线下剧本杀追求的是一种身临其境的沉浸感。2022 年剧本杀线下门店开的多，倒闭的更多。

其次，是剧本。剧本杀就和影视剧一样，大多数剧本杀是不值得玩第二遍的，因为没有新意。一桌五个人，只要有一个玩家熟悉了套路，整个剧本杀过程就会变得索然无味，因为有“剧透”。所以剧本杀要不断更新剧本，如今全国写剧本杀剧本的作者有 4000~5000 人，据《2021 年实体剧本杀消费洞察报告》的相关数据，2019 年，全国密室逃脱门店数量达 1.5 万家，剧本杀门店数量已经突破 1.2 万家。到 2021 年 4 月，全国剧本杀门店数量已经达到 4.5 万家。剧本供给远远不足，导致部分剧本价格水涨船高，且剧本杀门店的核心竞争力就是剧本，独家剧本能够带来不错的店铺口碑，所以剧本杀行业是得剧本者得天下。

再次，是客流。很多人说剧本杀下沉，但实际上现阶段用户普及度还不够。很多三四线城市用户的确很想尝试，但客流总数不足以支撑店家获得持续的经营流水。再加上三四线城市缺少必要的人员供给，也就是剧本杀主持人，所以当前剧本杀业务能经营下去的多是一线城市的门店。

又次，是政策。2022 年 6 月，文化和旅游部等五部门联合发布《关于加强剧本娱乐经营场所管理的通知》，首次在全国范围内将剧本杀、密室逃脱等剧本娱乐经营场所新业态纳入管理。核心有两点，一点是事后告知性备案，另一点是未成年人保护，包括适龄提示和拒绝不适龄儿童参与剧本杀，只允许未成年人节假日参与。笔者认为这些政策是必要的，但客观上也让部分门店的客流、剧本内容被压缩。

最后，是成本。剧本杀门店前期投入一般，但线下门店的铁律是客流好的地方地皮贵。就现在大城市的房租，会让剧本杀门店的成本大幅度上升。鱼和熊掌不可兼得，又要客流又要便宜房租，很难实现。

综上，剧本杀行业现在不行的主要原因还是行业里面涌入了太多的从业者。笔者和一些从业者交流，为什么剧本杀行业这么卷他们还是要扎堆儿进来，有从业者表示一半儿是情怀，自己喜欢，“千金难买我乐意”；另一半儿是对剧本杀的未来还是有期待的。

（二）为什么未来剧本杀行业具备潜力

首先，以 Z 世代为代表的年轻人喜欢剧本杀。1995—2010 年出生的人被称为 Z 世代，Z 世代伴随互联网成长，他们的娱乐方式和过去很多代人都不同。总结他们和剧本杀相关的两点特性：第一，Z 世代喜欢参与。用户创作内容是 Z 世代的特征，他们喜欢二创，喜欢参与感和沉浸感，这也是为什么当下自媒体如此发达。剧本杀正是这种参与感的集成，Z 世代可以沉浸到剧本杀当中，因为剧本杀和网络游戏很像，都是扮演角色，开放世界或者线性剧情也和网游大致相同，用户学习成本低。第二，Z 世代的成就感不同。Z 世代的成就感是在社交圈中脱颖而出的，因为互联网时代共享和分享的状况比较普遍，所以即便是沉迷网络游戏的年轻人，只要其游戏玩得够好，依然可以成名，可以在群体中拔尖，甚至通过玩游戏来赚钱。我们将这类人叫作 KOL（Key Opinion Leader，关键意见领袖），Z 世代如果能够在剧本杀中玩得好，能够在这个领域中成为 KOL，会获得成就感，这是年轻人的心理需求，所谓胜负心才是玩家最有效的驱动力。

其次，剧本杀的用户群体还在培养阶段。当前用户不多，但凡事面向未来。中国剧本杀行业的起点有两个：一是2013年《死穿白》被引入中国，被认为是剧本杀的起点，但一直没有热度；二是2016年芒果台的《明星大侦探》热播，继而各种探秘、解谜等综艺节目实现了剧本杀各种玩法的普及，剧本杀内容也获得极大丰富。剧本杀在未来很长一段时间依然处于普及的过程，但投资者要看到，剧本杀综艺长盛不衰也从侧面说明很多人有参与剧本杀的需求，这种需求只是由于各种原因没有释放出来罢了。

再次，真实体验的稀缺性。Z世代有个特点，他们大多数是独生子女，孤独感一直陪伴他们成长，而他们又因为互联网的发展而日渐变“宅”，所以他们缺少线下的真实体验。去大自然体验，Z世代又吃不了这个苦，也怕蛇虫鼠蚁，怕陡峭山峰。所以剧本杀是个相对安全获取真实体验的地方。

最后，剧本杀已经成为第三大线下娱乐。根据艾瑞咨询数据，2021年上半年，剧本杀在消费者偏好的线下潮流娱乐方式中排名第三，前两名分别是电影和运动健身，后面还有萌宠体验和DIY手工。横向看，和社交有关的，其实就是电影、剧本杀、萌宠体验。在电影受到冲击的大背景下，Z世代的线下娱乐内容其实并不是很丰富，而剧本杀的地位还有提升空间。

综上，剧本杀其实有很大的潜力，很多人之所以对剧本杀存在偏见，与其所处的时代有关，他们没有那种体验，或者不懂那种体验，又或者只是因为接受速度慢。

（三）什么样的剧本杀企业会有市场前景

笔者认为剧本杀这个行业可行，投资者应该怎么选择呢？实际上我们可以做一个简单的选择。剧本杀是如何在国内火起来的？因为芒果台的《明星大侦探》。那么芒果超媒不是一个现存的上市企业吗？实际上很多行业真正的淘金者并不赚钱，赚钱的是卖水的。芒果台的剧本杀综艺，本身就是剧本，有明星流量加持，这些剧本会转变为值钱的IP，从而获得更加广泛的传播，芒果台不用亲自下场就可以收获行业最大的利益。

芒果超媒主营业务包括芒果TV互联网视频业务、新媒体互动娱乐内容制作及内容电商业务等。芒果超媒和“综艺之王”湖南台是平行的两家企业，也是资源互通的两家企业。2018年，湖南广电向快乐购注入资产，通过重组转型为芒果超媒。2018—2021年，芒果超媒的扣非净利润分别为：2.876亿元、10.93亿元、18.46亿元、20.60亿元。即便不算重组年2018年，自2019年至今，芒果超媒的利润也翻了一番。如果业绩数据还不能说明问题，那么芒果TV当前的普及度也是肉眼可见的，2019—2021年，芒果TV的有效用户数量分别是1800万人、3613万人、5040万人，在“优爱腾”已经稳固的视频网站市场，又杀出一条新路。尤其值得关注的是，由于湖南台是“综艺之王”，所以芒果TV天生就是内容打底的发展模式，如果要对比，芒果TV更像国外的HBO或者迪士尼，是内容的创作者，而不是版权的购买者。

回到剧本杀的话题，实际上整个剧本杀行业的核心就是内容，剧本杀的剧本是可以流通的，热门IP将会有很高的市场定价。这就好像 KTV 时代真正的赢家是唱片企业一样，任何娱乐最终的赢家都是娱乐玩法的设计者。我国已经进入了全新的发展阶段，如果周期因素对宏观经济的影响到来，那么娱乐中的内容产业、创意产业将是翻身的重要抓手。

五、盲盒——Z世代玩具

中国人描绘人口年龄的时候，习惯用 80 后、90 后、00 后来区分，而美国人则习惯用婴儿潮一代、X 世代、Y 世代、Z 世代来描绘。“二战”结束后到 1965 年，美国人口爆发式增长，这一时代的人赶上了经济红利期，聚集了大量财富。X 世代是 1965—1980 年出生的人，是挂着钥匙、由电视机陪伴长大的一代人，青春期遭遇美国经济萧条，所以生活压力非常大。Y 世代是 1980—1995 年出生的人，这代人随着科技一起成长，当时美国科技、互联网处在上升阶段，Y 世代自信、乐观，享受了一定的科技发展红利。1995—2010 年出生的人，则被称为 Z 世代。

中国 Z 世代和全球 Z 世代存在一定的共性，因为中国 Z 世代的成长时期，国内经济发展和全球基本同步。中国 Z 世代与之前几代人不同，Z 世代的童年由电子产品陪伴，长时间沉浸在虚拟世界中，由于独生子女政策，他们存在孤独感。由于过于孤独，他们一方面需要通过消费来实现自我满足，比如追星和买盲盒，另一方面也在互联网上建立部落，通过相同爱好来组建自己的社交圈，以缓解孤独。

盲盒是 Z 世代的新玩具，可以归入潮玩，但也是 Z 世代的社交工具。盲盒玩法早已有之，Y 世代成长过程中就存在很多类似的产品，比如日本兴起的扭蛋，比如 80 后记忆中干脆面里的水浒卡。所谓潮玩，实际上叠加了稀缺性和文化认同感，让玩家“上瘾”。20 世纪 80 年代是日本的经济泡沫期，扭蛋机在日本大街小巷随处可见。到 20 世纪 90 年代，日本经济紧缩，而动漫产业成为支柱产业，所以扭蛋机中的玩具和动漫产业深度融合，并和动漫 IP 相互推动，让扭蛋产业得以延续，在此基础上形成了丰富的日本动漫周边产业。

盲盒和扭蛋还有很大不同，因为盲盒大多数并未和 IP 绑定，Z 世代喜欢盲盒，往往基于以下原因：

第一，盲盒的稀缺性。“我承认有赌的成分”，这句台词能够概括盲盒的基本特性，隐藏款在二手市场的高价的确吸引了很多盲盒收藏者。稀缺性不是唯一因素，但客观上的确是盲盒行业流量的来源。

第二，盲盒是 Z 世代的社交工具。由于缺乏社交，所以盲盒也成为 Z 世代的社交工具，而在文化交流群体中获得领袖地位，则是 Z 世代主要的成就感来源。这种成就感，在剧本杀里面是玩游戏的技巧，但这种成就感不易得到，需要天赋。但玩盲盒的成就感不用天赋，只需要金钱和运气，Z 世代通过收集盲盒中的隐藏款，在群体中获得认同，从而成为群体焦点，以此来获得成就感。

第三，Z 世代喜欢创作。没有角色定位的盲盒玩偶，反而更受 Z 世代欢迎，Z 世代不想要那种确定的人设，反而想要用自己的想象去完善玩偶的人设，讲故事。比如有人会去收集某个系列的盲盒玩偶，将它们放在一个盒子里。潜意识中，Z 世代会通过脑补给玩偶编故事，充实这些玩偶的故事内容。正因为盲盒玩偶背后没有影视剧的影响，所以这些盲盒玩偶就像一张白纸，可以被任意填充内容，给用户更多创作灵感。比如制作定格动画。

第四，Z 世代更重视直觉。眼缘很重要，看对眼了很重要。随着 Z 世代进入社会，他们的收入在增加，为直觉眼缘买单的能力也在增强。

综上，盲盒行业长期看具有需求空间。比较有代表性的企业是泡泡玛特，但这个行业未来真正的掌控者未必是泡泡玛特。目前在政策上开始规范盲盒行业，要削弱赌的成分，比如要求盲盒企业对隐藏款推出保底消费，花多少钱必然会包括一个隐藏款，比如要求盲盒应该限制未成年人购买，不能超过未成年人的购买力，要有家长授权才行。

这些政策都是好政策，但短期的确限制了盲盒企业的发展。那么未来哪些盲盒企业能够异军突起呢？拥有更多 IP 系列的盲盒企业将占领市场。说白了当前盲盒企业的玩偶系列还较为单一，用户有不同的审美、不同的文化，当然也会有不同的需求，这些需求对应不同种类的玩偶形象，所以盲盒企业推陈出新的能力很重要。但玩偶的火爆也并非必然，很多爆款的形成依然存在偶然性，所以盲盒企业可以通过多产 IP 来增加品类，但成不成功，可能是另一个盲盒游戏。

盲盒行业在 2022 年年中表现并不是很好，但笔者认为这个行业尚有抬头的一天，作为新兴消费品需求，笔者认为盲盒未来的路还很长。至于泡泡玛特是否能够成为盲盒行业的主导者还有待观察，关键是其缔造全新人偶 IP 的能力尚未被市场检验，但行业整体还是值得投资者关注的。

第五章

消费医疗的内在投资逻辑

消费医疗属于医药，但其中的一部分属于消费，因为大部分医药属于必需品，是刚需。有一部分医药，包括非治疗性医疗服务和 OTC 药，则属于非必需品。

如果罗列人类的几个普遍焦虑，无非是：容貌焦虑、精力焦虑、学习焦虑（记忆力）、健康焦虑等。那么医药里面的消费品，则是主要针对这些焦虑来帮助顾客解决问题。

一、医疗美容行业——脸上文章

女性对于美丽有着与生俱来的执着。有需求的地方就有生意，商人不断探寻美丽的答案。过去，美丽的主要来源是化妆品和护肤品。随着科技进步，美容手段也从化妆品领域延伸到了医药领域，当下最有代表性的医美产品实际上是两个：一是透明质酸，又叫玻璃酸、玻尿酸；二是肉毒素。

（一）左手玻尿酸，右手肉毒素——艾尔建的崛起

1. 玻尿酸的历史

1934 年，美国哥伦比亚大学眼科专家卡尔·迈耶（Karl Meyer）

与助手约翰·帕尔默（John Palmer）在牛眼玻璃体中分离出了一种含糖醛酸和氨基糖的高分子多糖，玻尿酸的历史由此展开。到20世纪40年代，玻尿酸的来源日趋增多，除了牛眼，还有关节滑液、脐带和鸡冠。到20世纪70年代，已经可以从鸡冠中分离玻尿酸并实现工业化生产。但是从鸡冠里面提取难以提升产能，后来就采取了发酵法实现玻尿酸量产。在这个方面，国外主要通过转基因杆菌生产玻尿酸，而国内主要以链球菌来实现规模化生产。

1992年，张天民和其学生郭学平通过两年研究实现发酵法制作玻尿酸，张天民也被誉为“中国玻尿酸之父”。2011年，华熙生物又以酶切法生产出分子量大小不同的玻尿酸，以实现不同的功效。

玻尿酸既可以用于医疗领域，也可以用于医美领域。因为玻尿酸有保湿、润滑的功效，其可以作为软组织填充物和骨关节润滑液，所以玻尿酸在医疗和医美领域都有需求。

2. 肉毒素的历史

肉毒素200年前就已经被德国人发现，在两次世界大战中，肉毒素被作为生化武器使用，其毒性远远超过沙林毒气。凡事都有两面性，在战争中的刀子，却是和平年代的去皱神器。

1973年，Alan Brown Sccott发现肉毒杆菌可以治疗斜视。到1987年，另一位医生Jean Carruthers在一次注射肉毒素治疗眼睑痉挛后，发现患者眉间的皱纹也消失了，并回家告诉了丈夫Alastair Carruthers，夫妇俩于1990年在医学期刊发表了“用A型肉毒素治疗眉间纹（川字纹）”的研究成果。

3. 艾尔建的历史

美国艾尔建是跨国医美龙头企业，其发家史源自肉毒素产品保妥适。1989 年，艾尔建肉毒素产品保妥适首次获 FDA 批准上市，当时的适应证主要是眼部肌肉疾病（眼痉挛和斜视）。2002 年 FDA 批准保妥适用于治疗眉间纹。肉毒素是艾尔建的主力产品，根据 2022 年 2 月年报数据，保妥适 2021 年的销售额达 22.3 亿美元，相较于 2019 年增长了 34%，其中在美国市场销售了 14.2 亿美元，在美国以外市场销售了 8.1 亿美元。

艾尔建也进入了玻尿酸市场，其玻尿酸产品为乔雅登。2006 年，艾尔建收购了医诺美医院，2007 年，艾尔建又收购了 Groupe Cornéal 实验室，获得抗皱纹治疗玻尿酸产品乔雅登和其他新一代透明质酸真皮填充剂的全球所有权。通过医诺美医院的销售渠道，乔雅登的销售渠道迅速打开。玻尿酸也成为艾尔建的主力产品，根据 2022 年 2 月年报数据，艾尔建的乔雅登 2021 年销售额达 15.4 亿美元，相较于 2019 年增长 23%，其中在美国市场的销售额为 6.6 亿美元，在美国以外市场的销售额为 8.8 亿美元。

在股权方面，2015 年，爱尔兰仿制药企业阿特维斯集团收购了艾尔建，继而将仿制药业务打包给了以色列的梯瓦做业务整合。之后辉瑞想要用 1600 亿美元收购艾尔建，但因为有避税嫌疑（爱尔兰属于避税地区）而被叫停，2020 年 5 月，国际制药巨头艾伯维以 630 亿美元完成对艾尔建的收购，艾尔建从美股退市。

艾尔建是医美行业的标杆，当前，其产品在高端市场依然占有很大的份额，保妥适在肉毒素医美市场成形早期曾达到 86% 的市场份额，如今时过境迁，大量企业涌入了肉毒素和透明质酸行业，所以其份额有所下滑。即便如此，中国很多医美企业还是将艾尔建作为终极发展目标。

（二）寻找中国的“艾尔建”

在中国，随着老百姓收入水平的增加，医美消费观念日渐深入人心，医美市场蓬勃发展。中国已经成为仅次于美国的全球第二大医疗美容市场，医美市场处在高速发展阶段。与此同时，国产化趋势也在主导医美市场，无论是玻尿酸还是肉毒素，未来都将走上国产化主导的道路。

在玻尿酸领域，当前我国的企业主要有三家：爱美客、华熙生物、昊海生科。在肉毒素领域，当前我国批准了四个产品，分别是：保妥适（艾尔建，美国）、衡力（兰州生物，中国）、吉适（Ispen，英国）以及乐提葆（Hugel，韩国）。在肉毒素方面与A股有相关性的标的是两个：一个是四环医药，其最早和韩国Hugel合作，在肉毒素领域具备先发优势。另一个是爱美客，其和韩国的Huons合作，将Hutox（橙毒①）带入中国市场，预期2024年上市。

我国玻尿酸制造企业的规模大，也是因为玻尿酸的进入壁垒比肉毒素更低一点，而从全球范围看，当前针剂类医美产品主要集中在玻尿酸、肉毒素和胶原蛋白三种，其中玻尿酸和肉毒素占据医美的大头。在医美行业也有一个说法：未来没有肉毒素的玻尿酸将无人问津，这也意味着玻尿酸企业一定会进入肉毒素领域，比如爱美客就已

① 橙毒：韩国的各类肉毒素按照产品包装颜色差异而拥有不同的简称，比如粉毒（Meditoxin）、白毒（乐提葆）、绿毒（Botulinumtoxin）、橙毒（Hutox）。

介入肉毒素领域，未来“玻尿酸＋肉毒素”的产品组合将是一组互补品。从消费者偏好看，中国消费者更加喜欢玻尿酸，而美国消费者更加喜欢肉毒素，这里既有消费理念的差异，也有肉毒素进入我国市场比较晚的原因。在肉毒素领域，韩国已经出现了多个肉毒素针剂品牌。可以确定的是，肉毒素领域的确具有高门槛，但所有玻尿酸的生产商都将在未来进入肉毒素领域，中国医美企业获得肉毒素业务的方式可能是并购，也可能是合资，但有一点比较关键，“早起的鸟儿有虫吃”。肉毒素审核存在严苛的条件，所以越早通过临床并拿到生产批件，就能越早获得市场扩展优势。

从产业链纵向来看，我国缺乏肉毒素上游企业。兰州生物的衡力是当下唯一一款国产肉毒素，其他肉毒素都是通过合资、引进的方式来获得成熟产品。但是在玻尿酸领域，我国上游原材料生产企业比较强大，市场规模也很可观。

在三家玻尿酸企业中，爱美客专攻医美，其主力产品包括嗨体、濡白天使、熊猫针等，产品线丰富，未来还有合资的肉毒素。所以其在模式上更像艾尔建，但爱美客也有几个问题：一是在产能上，当前爱美客的产能虽然经过多次提升，但市场需求扩张是长期性的，而产能投放往往有一定的滞后，尤其是在新冠肺炎疫情大背景下，产能可能有所压缩，估计未来销售端会受制于产能。二是在监管上，当前国内医美下游销售端存在行业乱象，早晚会被治理，而爱美客通过经销模式组建了覆盖广泛的终端用户，所以治理可能会对爱美客的销售端造成一定影响。不过需要注意一点，当前的监管并不只是负面的，加强监管同样也加高了玻尿酸行业的壁垒，存量企业对行业的把控力更强。

华熙生物的产能非常大，其业务也覆盖了大量医用的透明质酸市场，同时也在向化妆品领域延伸，这大大强化了华熙生物的抗风险能力。同时由于华熙生物体量大，其在研发上投入更多。2021年，爱美客研发费用为1.023亿元，华熙生物研发费用为2.843亿元。所以，和爱美客深耕医美不同，华熙生物胜在规模优势和技术壁垒，且多元化地利用透明质酸，可以在一定程度上避免监管带来的潜在风险。企业业绩相对于爱美客更加稳定，但成长性更弱。在产品层面，2020年上市的润致Aqua水光针是医疗器械Ⅲ类产品，在国内较为少见，壁垒较高。

昊海生科主要是眼科产品加上玻尿酸，但昊海生科的技术能力偏弱，其主要通过并购来组建产品矩阵。比如并购资亨泰视觉获得“迈儿康myOK”在大陆的独家经销权。在医美领域，昊海生科通过投资收购欧华美科布局射频及激光医疗美容设备和市场，投资Eirion布局肉毒素和小分子药物领域。不过从临床进度看，Eirion的肉毒素产品在美国上市可能需要到2025年，研发周期相对爱美客比较滞后。并购来的企业是否能够和自身业务形成协同也是未知数，但总体上医美产品品类日渐丰富。

四环医药主要业务在于生物制药。确切地说，四环医药是个制药企业。四环医药在医美领域受到关注的主要原因，是其代理了韩国乐提葆（白毒），由于资本市场普遍认为玻尿酸领域门槛相对较低，所以其未来进入玻尿酸领域似乎也顺理成章。

综上，医美行业当前最受关注的是以上四家企业。如果要从这四家企业中再筛选，笔者认为爱美客依然是当前最专注医美行业的企业，价值投资者更喜欢对产品专注的企业，专注力会筑高企业壁垒。

其次是华熙生物，其在玻尿酸市场上具备规模优势，这种优势也让其研发投入比爱美客更高，产品的多元化形式也可使其风险更为分散。

（三）医美行业的一些共性

1. 产业链

医美行业的上游是针剂、医美器材等生产企业，如前文所述，在玻尿酸已经出现行业集中、监管壁垒升高的大背景下，未来新进入的企业将比较少，高壁垒代表护城河，这种领域也是投资者最佳的投资领域。下游主要是医院、私人美容机构和医生，由于我国医美行业起步较晚，对照美韩，可能存在两个特征：第一是未来医美执业医师的门槛会大幅度提高。当前国内部分医美机构在医师方面的投入依然很少，医美投诉集中于医师的不专业行为，美国培养一个医学美容科医生需要至少 13 年，一个整形科医生需要至少 15 年，而部分中国医美机构存在几个月上岗的现象，所以未来医美行业必然迎来监管阵痛期。第二是医美行业连锁化率不会太高。从美韩的行业过往看，这是因为医美行业是一个和区域经济密切挂钩的行业，经济发达地区的医美机构会更多，而医美医师的高门槛让连锁化更加困难。众所周知，连锁化的目标是降低技术门槛和提高可复制性，医美是一种个性化、高技术门槛的行业，所以医美机构并不会像美容美发店那样遍地开花。

2. 营销渠道

这几年医美兴起的助推器并非产品上的技术突破，而是互联网内容平台的营销。大多数医美产品通过内容电商来获得传播。前几年，也出现过微商盛行的局面。所以医美、化妆品行业非常依赖互联网的传播媒介。需要关注的是，当前对于互联网传播医美的监管正在加强。一方面医美广告在互联网渠道的投放越来越少，尤其是当前互联网平台推荐算法需要用户许可才可以推送，这样在推荐广告的时候互联网平台会规避掉一些敏感的广告内容。另一方面医美广告内容存在更多限制，我国有《医疗广告管理办法》，医疗广告要经过审查，当然，自媒体可以绕过监管做一些软植入，但问题在于这些软植入也是当前互联网重点治理打击的对象。所以在营销渠道上，医美行业短期遭遇了一些障碍。但从长期看，医美行业本身就是一个口碑营销的行业，韩美的医美行业也都是如此，所以连锁化态势很难实现。对于投资者来说，投资连锁医美机构并非好选择。

3. 产品端布局

医美领域是大单品主导的，当一个产品火爆，口口相传的态势会迅速让产品的传播度大增，而一旦同类产品提前占领了市场，则会形成“先入为主”的局面。所以越早推向市场，越能占据有利位置。另外，美国医美市场更加重视肉毒素，中国医美市场更加重视玻尿酸，但随着市场发展，肉毒素的市场知名度可能逐渐提升，尤其是随着中国人口结构改变，中老年人口数量增加，人们对于皱纹的敏感度也会呈指数级增加。

二、“头顶别墅”——雍和医疗

A：“你的头发变多了！”

B：“最近……去植了个发！”

A：“植发多少钱？”

B：“10 块钱……”

A：“挺便宜！”

B：“一根……”

植发这个行业的门槛没有医美那么高，但行业需求非常大。随着我国人口结构的变化，大家对于美的需求也开始发生改变。女性更加关心脸，而男性更加关心头顶的“草原”，植发成为一个具备增长潜力的行业。当前植发的价格普遍在 5~20 元 / 根，单次价格根据脱发严重程度在 2 万 ~4.5 万元，随着植发需求的增加，植发价格还将缓慢上行。

想要了解植发行业，我们首先要了解脱发的原因。从现有研究看，大多数男性脱发（雄脱）的原因是Ⅱ型 5α－还原酶，有一种雄激素叫睾酮，而通过 5α－还原酶，睾酮会转化为二氢睾酮，二氢睾酮促进男性性征发育，但现有研究表明，二氢睾酮会导致毛囊基部细胞凋亡增多、毛囊变小甚至死亡、毛囊生长期变短等。所以，在药物防脱方面主要是抑制 5α－还原酶，比如使用非那雄胺[①]。非那雄胺通常就是针对溢脂性脱发，而精神紧张也在一定程度上通过扰乱人体分泌而导致脱发，生活、工作压力提升也在一定程度上使得脱发人群越来越年轻。

2019 年中国脱发人群达到 2.5 亿人，其中 65% 为男性，35% 为

① 非那雄胺：化学式为$C_{23}H_{36}N_2O_2$，是一种 4－氮杂甾体化合物。它是睾酮代谢成为二氢睾酮过程中的细胞内酶——Ⅱ型 5α－还原酶的特异性抑制剂，能非常有效地减少血液和前列腺内的二氢睾酮，即通过抑制睾酮转化成二氢睾酮（DHT），使前列腺体积缩小而改善症状、增加尿流速率、预防良性前列腺增生（BPH）。

女性。需要关注的是，这里也有个脱发程度问题，女性的脱发程度更轻，大多数脱发问题还是集中于男性，但女性也存在发量少的问题。解决脱发问题的方式有四种：养固、药物、植发、假发，其中药物和植发是主要手段，也是效果最好的两种方式。植发无论从发量还是术后效果看，都是最佳的解决方案。

植发技术分为三种：FUT 毛囊单位转移、FUE 毛囊单位提取、SHT 无痕植发。FUT 就是取一块皮瓣下来，比如在后枕取皮，取皮处会有小小的疤痕，但提取毛囊量多，省心；FUE 提取后枕部分散的毛囊，不会留疤，但量少，适合不太严重的脱发；SHT 是精细微针种植笔，没什么缺点，就是价格相对较高。新生植发技术还有 3D 植发，主要是提取多胚毛囊，以此来增加发量。

植发上游的植发器械包括毛囊检测仪、取发器械、种植器械（宝石刀、种植针、种植笔）等，但由于壁垒并没有医美那么高，未来的连锁店会谋求器械自主，不过植发机器人壁垒较高，当前还是进口垄断的状况。其他耗材都是一般医用耗材。中游的植发机构连锁化正在推进，比如雍和医疗的市场占有率就达到了 11%。

植发行业还有几个特征值得关注：

（1）营销费高昂。植发行业的营销成本占总营收的 30%~40%，这是因为当前我国植发渗透率较低，市场还在培育当中。

（2）植发业务具备后续可持续性，也就是养固服务。养固的客单价较高，且成本较低，有较好的利润率。

（3）品牌壁垒和可复制性造就的连锁属性。植发行业更适合连锁化，一方面，因为植发有试错成本，要从自身有发部位取材，为了减少风险，消费者更加注重品牌口碑。另一方面，植发医生门槛低于医美，甚至低于牙科，客户的诉求都是统一的，大多数属于重复性操作，便于培养熟练的植发医师。

三、中药保健品——片仔癀、华润医药

中药是否有效，依然是很多网民“割袍断义”的话题。但实际上大多数讨论对于投资者没有意义，因为疗效这个东西，应该由使用者去检验。

（一）药贵如金片仔癀

福建有三宝：片仔癀、乌龙茶、寿山石。片仔癀有400多年历史，传说是宫廷秘方流落民间，秘方里包含麝香、牛黄、田七、蛇胆等中药材，先是在漳州璞山岩寺代代相传，明末清初住持还俗开了馨苑茶庄，制售片仔癀。旧时，闽南人将片仔癀作为“镇宅之宝”，由于是切片使用，所以得名片仔癀，当时走亲访友也有切几片片仔癀作为见面礼的，后来福建人下南洋，关于片仔癀的记忆也就被带到了南洋。

在越战时期，美军遭遇恶劣的热带气候，出现大面积疟疾和感染，当时有传言说，美军发现片仔癀比青霉素好用，于是大量采购片仔癀，这也导致我国最终禁止出口片仔癀。1972年中日建交，片仔癀作为国礼引起关注。1988年上海暴发急性肝炎，片仔癀被大面积使用，且取得了不错的疗效。

由于片仔癀的配方属于国家保密配方，所以我们无从知晓其成分，但至少以下几点是知晓的：

（1）片仔癀是有消炎止痛功效的。生物碱的确有消炎功效，是否比青霉素更有疗效，还未有过对照实验，但消炎止痛疗效应该是真实的。

（2）片仔癀之所以销量好，原因不在于其单纯的消肿止痛功效。很多下南洋的老人，在生命走向终点的那一刻，相信片仔癀可以延续生命，也就是“吊命”。实际上从科学角度也无从解释这一点，据说吊命的确有效。但笔者对此表示怀疑，也许这依然基于信仰和文化传承。

（3）片仔癀之所以贵，是因为其中的天然麝香。国家给予片仔癀特殊许可，可以使用天然麝香，而麝是一种珍稀动物，如今可以通过养殖获取。天然麝香因为稀缺而十分昂贵，每克要几百元的价格，药价自然水涨船高。

通过以上三点，我们看到片仔癀的两大属性：稀缺性和文化性。其中稀缺性包括国家保密配方和天然麝香的使用许可，而文化性则来自福建人下南洋的记忆，或者是一种对故土的情怀。当然片仔癀必然是有其功效的，由于配方是保密的，我们很难将其作用原理具象化，但畅销不衰的现实的确能够说明其疗效。

正是在原料稀缺、配方保密的带动下，当前片仔癀大约590元一粒，且一粒难求，于是，很多人会想当然地认为片仔癀的未来发展应该很简单，涨价、涨价、再涨价。但实际上并非如此，片仔癀这家企业我们定义为消费品企业，是有原因的。当前片仔癀的经营战略是“一核两翼”：以传统中药生产为核心，以保健药品、保健食品、功能饮料和特色功效化妆品、日化产品为两翼，以药品流通、电子商务为补充。为什么这么做？一方面，利用片仔癀的文化性，保健产品和日化产品可以借助片仔癀的知名度；另一方面，可以将保健产品和日化产品通过片仔癀的销售渠道销售出去。实际上片仔癀的模式更像屈臣氏，虽然很多人认识片仔癀是通过“片仔癀很贵”这条新闻，但未来更多人使用和购买的是片仔癀的保健产品和日化产品。

综上，很多投资者的观点被束缚，比如不断讨论片仔癀的疗效和作用机理。对于一个国家保密配方，如果没有实验室数据和配方公开，这种讨论毫无意义，但实际上片仔癀的未来根本不是单个药物，而是通过单个药物拓展的销售渠道。所以我们将片仔癀完完全全定义为一家消费企业，而不是医药企业。当然，从估值看，至少 2022 年年初片仔癀的估值还是在一个高位，由于产能有限，且原材料稀缺涨价，所以片仔癀药物销售产能受限，而保健产品和日化产品的市场拓展尚需时间。

（二）遍地开花华润医药

在中药企业里面，有几家非常强大的 OTC 企业，产品非常有知名度，比如华润三九、江中制药、华润双鹤、东阿阿胶等，但实际上这些企业都有同一家控股企业——华润医药。即使前文所提的片仔癀，2012 年也和华润成立了合资公司，不过很可惜，2019 年华润退出了合资公司。华润医药有一种能力，就是能够将中药产品都做成消费品，其在渠道运营上经验丰富，相对应地，其在营销渠道上的广告投入也非常庞大。

中药有两个属性：一个是功能性，也就是中药能够解决一些问题，比如消化不良、感冒咳嗽等症状。国家也区分了 OTC 和非 OTC 药物，华润医药也有生物医药，比如博雅生物，但其主力布局在 OTC 类药物。

另一个是文化性。比如对乙酰氨基酚是寻常的一种感冒药成分，如泰诺林、必理通、百服宁等，主要成分都是对乙酰氨基酚。为什么很多人要选择999感冒灵？一方面是因为广告，三九的广告植入深入人心，且宣扬一种温馨的体验，聚焦的是亲情；另一方面是因为文化性，999感冒灵里面有三叉苦、岗梅、金盏银盘、薄荷油、野菊花等成分，是传统中药，有对传统文化信仰的加成。

笔者发现华润医药也是一次意外。之前笔者关注江中制药、华润三九，但是从来没有关注过港股的华润医药，直到2022年3月上旬港股出现了一轮暴跌。这轮暴跌之后，港股华润医药市值逼近200亿港币。2021年半年报显示，华润医药现金等价物约为141.45亿元，受限制存款现金为59.62亿元，两项加总为200亿元，华润医药市净率0.5左右。可以显著看到，华润医药在2022年3月的时间点，市值显著低于企业清算价值，也就是说如果买入华润医药，立马变现清算都是划算的买卖。于是笔者开始思考，为什么市场不喜欢华润医药？

华润医药经营上是可持续的，华润医药是一个控股实体，其下属子企业基本没有劣质资产，都是高质量的健康产业。持续经营风险是不存在的。华润医药低价的原因，一方面是港股投资者的恐慌，比如当时存在俄乌冲突，存在中概股退市，存在美联储加息，且当时香港新冠肺炎疫情非常严重。这些恐慌最终打击了华润医药的估值。另一方面是国有股不能全流通，华润医药不会破产清算，由于其股价长期低于净资产，华润医药也很少从港股融资（股价低于净资产融资会稀释控制权），港股中的国资股普遍呈一种低价状态，形成这种低价状态主要是因为国资企业控股方没有动力来调动资本市场的积极性，经营四平八稳，进取心不足，稳定为主线，所以港股投资者投资非全流通的国资股都是看股息率。不折腾，在资本市场反而不受欢迎。

但即便从股息率看，2020 年华润医药派息 0.12 港元，相对于 3.18 港元的低价，也有超过 3% 的股息率，收益率已经超过了很多理财产品，所以这么看华润医药应该是便宜的。

另外，投资者还可以想深一层。实际上在分红方面，国资企业更加慷慨。国资企业在分红上是有任务的，国有体系的上市企业需要通过分红来回馈国资委，充实社保和财政，华润医药的股息率不但高，而且未来可持续。

综上，笔者认为华润医药在 2022 年 3 月被市场严重低估，这种低估可能是价值投资者长期布局的机遇点。

华润医药的制药业务涵盖研发、生产及销售，是国内第一大非处方药（OTC）制造商，拥有“三九”“东阿阿胶”“双鹤”“江中”“博雅生物”及“毓婷”等多个驰名品牌。华润医药的分销业务覆盖国内 28 个省、直辖市及自治区，形成了由 171 个物流中心构成的全国性分销网络，向医院及其他医疗机构直接分销产品。华润医药的零售药房网络覆盖国内 89 个城市，拥有“华润堂”“医保全新”“礼安连锁”和“同德堂”等全国或地区性的优质品牌，经营着 846 家自营零售药房、203 家 DTP 药房[①]。

华润医药的业务分为三块：医药制造、医药分销、医药零售。

在医药制造层面，华润医药主要推进自我诊疗（CHC）业务和 RX 处方药业务，2021 年，华润三九将自我诊疗（CHC）业务升级为健康消费品业务，针对感冒、胃肠、皮肤、肝胆、儿科、骨科、妇科

① DTP 药房：直接面向患者提供更有价值的专业服务的药房。患者在医院开取处方后，药房根据处方在患者或家属指定的时间和地点送药上门，并且关心和追踪患者的用药进展，提供用药咨询等专业服务。

等疾病推出药品和器械。华润医药也有处方药业务，但从消费企业的角度看，处方药并非华润医药的主力产品。

医药分销业务最近几年总体上处在滑坡阶段，因为带量采购和两票制，分销毛利率有所下滑。但华润医药自己的产品多是 OTC 药品，所以对于华润自营药物的分销来说并没有太多影响。

医药零售是华润医药自营产品的主要销售渠道，在零售渠道，华润既有自营的药店，也有分销直达药店连锁终端，由于华润在 OTC 品类上占据很大比重，比如 999 感冒灵、999 皮炎平、江中健胃消食片、三九胃泰等，都是连锁药店销量占比很高的品类，所以华润医药在 OTC 零售渠道有很强的话语权。

华润医药的真正潜力在健康消费领域，但其核心竞争力来自对销售渠道的掌控，而这种对销售渠道的掌控来自其旗下的 OTC 大单品。正是有畅销的 OTC 药品，华润医药才能组建如此庞大的医药帝国。同时，不可忽视的是华润医药依然有很高的现金流，这意味着其未来还会通过并购来扩大健康消费版图。2022 年上半年，华润医药的估值还是很有诱惑力的，即使忽略这家企业的成长性，我们依然可以通过“捡烟蒂”的投资方式来获得收益。另外，有人认为线上诊疗会对华润医药的业务造成冲击，其实不然。从电商反馈的数据看，华润医药的大单品在线上依然销售火爆。

持续数年的新冠肺炎疫情对于华润医药来说也是种利好。在华润医药诸多大单品中，感冒类产品品类较多，体量很大。退热药因为新冠肺炎疫情防控被限制销售，这就使得华润医药的感冒 OTC 药物更受追捧。一些确诊为季节性流感的患者，不用处方药也可以买到感冒缓解类药物。

第六章

科技型消费企业的内在投资逻辑

过去 30 年，世界经济的增长主要来自互联网。无论是移动互联网，还是车联网、区块链、元宇宙等，互联网改变了人与人、人与物的接触模式。这是个没有卡片、没有纸币，只用一部手机就能够走遍天下的时代。尤其在消费层面，很多行业在互联网时代的逻辑发生了变化，一些“大象”已经不适合当前的经济环境了，新的概念不断替代旧的概念，新的事物不断替代旧的事物。世界改变了，如果投资者没有随之改变，那么很容易被时代甩下。

消费是科技型企业的前端，消费品不再局限于物，互联网的虚拟属性也让消费扩张到虚拟领域，NFT 确立了虚拟资产的产权，VR、AR 等将线下体验复制到线上，用户既是内容消费者又是内容生产者。这些技术让虚拟世界逐步和现实世界的消费体验同步，甚至还能超越现实世界的消费体验。过去，我们说线上电商，线下体验。如今，我们说线上既有电商，又有体验。2022 年上半年，随着各大城市因为新冠肺炎疫情而加强封控，大家对线下体验的记忆有所淡化。线上已经覆盖了大部分人的大部分时间，价值投资者要看到虚拟世界蔓延、扩张的趋势，越早布局，越早占据有利地位。

一、消费电子的新逻辑

消费电子的核心用户入口是智能手机。2007 年苹果手机出现之前虚拟世界被称为“PC 互联网时代”，各类网站层出不穷，电商、社交网站、门户网站等 Web2.0 时代的应用逐步普及。2007 年苹果发布手机之后虚拟世界进入“移动互联网时代”，苹果手机是新的科技“奇点”，谷歌安卓以智能手机系统开放生态紧随其后。

（一）把消费者、开发者装入碗中

智能手机品牌包括苹果、三星、华为、小米、OPPO、vivo 等，但实际上只有苹果 iOS 系统手机和谷歌安卓系统手机，而谷歌安卓系统以开放生态打破边界。5G 通信时代的核心口号是：万物互联。开放生态让安卓系统可以内嵌到很多消费电子设备上，比如智能家电、智能穿戴、智能商用物联网、智能车联网等。封闭生态的 iOS 没办法向万物互联领域全面推进，但安卓系统可以。于是，上市企业开始围绕开源的安卓系统，以智能手机为设备入口，以各类智能家居、智能穿戴、智能商用物联网、智能车联网等设备为网络节点，构建一个全新的消费电子生态系统，而这个消费电子生态系统将具备良好的壁垒。苹果公司开启了手机智能时代，安卓联通了所有智能设备。

在安卓系统开源的主导下，当前智能硬件生态正在形成。手机企业不再沉迷于智能手机的单点突破，而是致力于打造一系列的智能产品，包括智能音箱、智能电视、智能洗衣机、智能电冰箱、智能油烟机、智能门锁、智能电动汽车等，然后以点连线，以线成面，形成纵横交错的产品生态。手机企业不仅生产智能手机，还强化产品矩阵生态。

除了硬件生态，对于手机巨头来说这个时代最重要的是软件，是应用 App。App 也是手机成瘾性的由来。App 占据了我们大部分时间。一种新的互联网思维认为：未来要占据的不是用户的钱包，而是用户的时间。“手机巨头不生产 App，只是 App 的搬运工”，用应用商城来垄断 App 的销售渠道。无论是应用 iOS 系统的苹果，还是应用安卓系统的华为、三星、小米、OPPO、vivo，它们都在智能手机和其他智能硬件中嵌入自家应用商城，让用户在切换手机品牌的时候增加成本。如你的华为手机绑定了若干个游戏账号，当你切换到苹果手机的时候，会发现这些游戏账号完全无法使用，如果不想让金钱“付诸东流”的话，换手机的时候就会再次选择华为。

这样，就可以利用手机商城来获得“市场支配地位”，我们了解了部分手机应用商城的抽成模式，比如：

苹果手机应用商城的抽成比例高达 30%，包括 App 买断和 App 内购，其中累积收入不超过 100 万美元的应用开发者收入抽成比例为 15%。

谷歌安卓手机（国外）的抽成比例也是 30%，从 2021 年 7 月开始，每个销售数字产品或服务的开发者每年 100 万美元以下收入的服务费率降为 15%。

国内安卓手机的抽成比例在 20%～60%。部分手机品牌采取 50% 的游戏抽成，而对于非游戏类应用则不抽成。各个热门应用中的抽成品牌会对渠道进行一对一谈判，有一定浮动。

早期，安卓手机通过外部下载链接绕过谷歌支付，比如直接从网页下载 APK[①]，但随着谷歌政策收紧，用户越来越难以绕开其应用商城。国内的安卓手机在设计 UI 的时候也是“如法炮制”。当然，安卓系统的开放性也决定了安卓系统的某些应用还是可以通过外部链接渠道来获取的，但对于大多数用户来说外链下载过于烦琐，且不够安全。

综上，我们发现手机巨头具备两个壁垒：一个壁垒是硬件，通过硬件的链接来形成终端产品生态，比如全套智能家居和配套智能穿戴；另一个壁垒是应用商城的下载通道，在消费者购买 App 和 App 内购的时候抽成，并将用户的游戏、应用账号和手机品牌绑定。随着消费者在手机上不断投入购买 App 的费用，不断积累资料，并使用云存储，手机品牌商就获得了用户黏性，消费者使用某个品牌手机的时间越久，其购买新手机时的转换成本越高。

手机巨头具备价值投资护城河，即对于用户有支配能力，产品具备成瘾性和高转换成本，又对市场有支配能力。吃了上家吃下家。那么，我们是否可以跟随巴菲特的脚步投资苹果公司呢？

苹果公司当然是投资者的首选，但是作为中国投资者，我们很难买到苹果的股票。并且，如果我们仔细观察手机巨头的两个壁垒，苹果公司在 App 垄断上无可挑剔，但是在硬件生态方面，其封闭状态有瑕疵。所以，我们找能够投资的企业，比如小米集团。2022 年，由于中概股退市，小米的股价处于一片萧条中，但这也意味着价值投资新的机遇。

---

① APK：全称为Android application package，Android应用程序包，是Android操作系统使用的一种应用程序包文件格式，用于分发和安装移动应用及中间件。

（二）从一碗小米粥开始

2010 年 4 月，在北京中关村保福寺桥银谷大厦 807 室，几个人一起喝了碗小米粥，小米科技正式成立了。同年 8 月 MIUI 首个内测版本发布，一年后的 2011 年 8 月 15 日，小米手机 1 发布。2018 年 7 月 9 日，小米集团在港交所上市，上市价格为 17 港元 / 股，上市首日收盘市值为 3759 亿港元（首日收盘 16.8 港元 / 股）。小米仅仅用八年时间，就创造了一家全球 500 强的上市企业，那么，其成功的秘诀在哪里？

1. 风口理论

一家企业的背景相当重要，小米的创始人雷军不是第一次创业，其原来就职于金山软件，金山软件是随着中国软件产业一起成长起来的，WPS 和微软 Office 的竞争哪怕是当下也还在延续，雷军几乎踩对了中国互联网发展的每一个点。从办公软件、杀毒软件、游戏、金山云，到小米手机。小米的下一步是造车，这又将是一个风口，依托小米消费电子和智能家居中积累的庞大现金流，其在造车方面的确定性也越来越高。雷军经常谈到：“站在风口上，猪都会飞。”但在笔者看来这是一种投资领域的可复制模式，就好像消费领域的连锁模式一样，投资也是可复制的。

2. 技术派需求

如今的小米手机早已不是技术派的心头好了，但是早年小米手机的文化属性就是发烧友产品。这一点类似于早年苹果电脑的 Apple 系列，比如 Apple Ⅰ只是一块手工焊接的主板，Apple Ⅱ也是发烧友作品，主要设计者史蒂夫·沃兹尼亚克本身就是一个极客。技术派用户主要聚焦在易用性和性价比上，使用群体集中于年轻人和程序员。当时，苹果、三星等手机在国内大行其道，小米的客户定位很好地错开了这些产品的主流用户。

3. 快时尚的饥饿营销模式

小米手机的饥饿营销已经不再是什么秘密，这种饥饿营销灵感应该是来自当时比较流行的快时尚服装品牌。通过限制产量，一方面可以压低库存，减小销售失败的风险；另一方面可以在用户中制造稀缺的气氛，从而带动二手市场产品的交易价格，进而吸引消费者的注意力。小米一开始的饥饿营销可能并非为了制造饥饿，而是想要通过一种轻资产运营模式来投放产品，也是为了尽可能快地应用上最新的配件。比如高通芯片，新款高通芯片发布后产能必然不够充足，手机厂商的备货也会因为芯片产能限制而受影响。但对于小米手机来说，新产品的发布能拔得头筹就是胜利，因为发烧友必然希望产品是最先进的。

4. 渔翁得利的三号选手

雷军的生意总是能够让其处于有利位置，往往同一赛道前两位竞争对手互相攻伐，而雷军作为行业老三渔翁得利。比如在杀毒软件领域，3Q 大战[①]的时候，金山毒霸渔翁得利。在手机市场上，先是三星

① 3Q 大战：奇虎 360 杀毒和腾讯杀毒在 2010 年展开的一场互掐。

因为一系列负面新闻败走中国市场，小米收编了三星留下来的大量市场份额，继而是华为因为诸多因素也面临国内市场收缩，小米又继承了华为一部分份额。

5. 国际化

2022 年上半年，小米的国际化战略饱受诟病，比如在印度，小米遭遇了各种政策面上的打击。小米 2014 年进入印度之后，曾一度成为印度出货量最大的智能手机，甚至很多印度人认为小米就是印度国货，这说明小米在印度的本地化做得很好。但进入 2022 年之后，小米等中国手机厂商在印度遭遇税收稽查，小米被追缴 65.3 亿卢比（大约 5.5 亿元人民币）的税款和罚款。小米的国际化战略是否失败了呢？笔者并不这么认为，其一，被处罚和查税的并非只有小米，还有 OPPO 和 vivo；其二，在高性价比的智能手机领域，暂时还没出现大市场份额的竞争对手，中国智能手机军团依然是这个领域最优秀的几个企业。这也侧面说明小米等企业的成功模式存在可复制性。我们需要注重一点，在过去，中国快速增长的企业很多是依赖于中国庞大的消费市场，但随着国内市场的饱和，大多数中国企业都在谋求全球化发展。全球化有什么好处？第一，全球化能够带来市场增量，突破国内市场需求天花板；第二，全球化也会形成新的盈利方式，比如这几年兴起的一个物流企业极兔，其原来就是步步高系企业在印度尼西亚开拓的物流业务。再比如 Tik Tok，如今 Tik Tok 大有超越 Facebook 和 Instagram 等国外社交媒体的趋势。全球化可以认为是以多元化市场的方式来增收，而小米的优势在于其善于在目标市场实现本土化。

6. 硬件生态和用户黏性

这点我们已经在前文说过，此处不再赘述。需要强调的是，小米这几年智能家居硬件发展迅速，比如小米电视，几乎是以最短的时间拿走了传统电视品牌数十年积累下的市场份额。

7. 线上线下的体验店模式

很多消费者可能并不认同小米体验店，因为小米很多在网上没有的产品，在体验店也没有，而且即使在体验店买手机，还是要等一段时间才会拿到。但对于投资者，我们要换个方式思考，大多数电商线上线下面对的问题是什么？比如苏宁易购，以前我们也曾关注过一段时间，但是这家传统线下门店在线上化的过程中阻力重重，究其原因，是线上线下出现左右手互搏的情况。线下门店的客流是窄客流，且线下门店需要养销售员，而相比之下线上就没有那么高的成本，于是线上价格一般会低于线下零售价格，因为线上成本低。于是苏宁的线下门店反而成为企业发展的累赘。但如果线上线下是统一价格，那么线下门店又有什么存在的必要呢？所以小米的体验店往往采取小型化模式，而且不是以销售为目的，而是作为线上业务的一种补充。小米体验店可以说在很多细节上类似于苹果体验店，不同的是，随着小米产品尤其是智能家居产品的增加，生态化硬件最需要的是用户体验。小米线下就是以体验为主，并非以销售为主。这样，线上线下业务就不会起冲突。

综上，小米集团的确具备较大的成长空间。用历史来看未来，小米用 10 年从无到有，逐步成为全球 500 强企业，那么未来也很有可能突破瓶颈再创辉煌。2022 年是小米一个低谷年，但和 2015 年苹果低谷的情况类似，当很多人都不看好的时候，也许就是价值投资者可以介入的时候。

（三）机器人 9 号

2005 年，导演申·阿克拍摄了名为《9》的短片，一举拿下了国际大学生电影节的最佳短片奖。2009 年，申·阿克将《9》短片扩展为一部叫《机器人 9 号》的 3D 动画电影。电影讲述的是人类创造了机器人，而又受到机器人的攻击，在人类即将灭绝的最后时刻，一群人类科学家将自己的智慧给了一个代号“9”的机器人……

九号公司，英文是 Ninebot，所以很多人叫它纳恩博，但笔者还是喜欢叫它九号公司。九号公司名字的由来并不明确，但很多人相信和电影《机器人 9 号》有关。九号公司的两个创始人王野和高禄峰是北京航空航天大学的师兄弟，他们的事业从机器人起步，在大学期间两人共同研发出具有安防功能的宠物机器人。毕业后，王野主要从事排爆机器人和教育机器人的研发。王野带领的团队有很好的机器人研发技术，但其研发的机器人属于行业的细分领域，市场容量很小。如果王野在机器人这条路上一直走下去，搞不好会无限接近另一家科技企业“波士顿动力”，但历史没有那么多“如果”。

时间到了 2009 年，就是《机器人 9 号》电影热映的那一年，小区内的几辆电动平衡车引起了王野和高禄峰的关注，电动平衡车的核心配件是陀螺仪和加速度传感器，而陀螺仪对于北京航空航天大学毕业的王野和高禄峰来说并不陌生，这本就是飞机上的重要配件。于是他们立刻用两个陀螺仪设计出一台简易平衡车，随后两人便有了造平衡车的想法。当时按照他们的想法，先生产出平衡车产品，再利用自身在机器人领域的技术经验，利用机器学习算法来对平衡车进行性能优化，就可以缔造出一个强大的入口级出行代步工具。说干就干，经过一段时间的研发，2012 年两人成立了鼎力联合（九号公司的前身），并推出首款平衡车产品“风行者”。

至此，我们先按下九号公司不表，回头来看一看全球平衡车市场。平衡车的创造者是迪恩·卡门。此人为“十大辍学亿万富翁”之一，获得 400 项以上专利，发明专利数量仅次于历史上著名的发明家托马斯·爱迪生（2000 项）和尼古拉·特斯拉（700 项）。迪恩·卡门在研发电动轮椅的时候有了研发平衡车的想法。

1999 年，迪恩·卡门成立雅克罗公司，想要利用动态稳定技术来开发生产一种高效率、零污染的运输工具，计划代号为“姜”（Ginger），后来这家企业更名为赛格威（Segway）。这个项目的最终产品就是赛格威平衡车。平衡车利用传感器采集角速度和角度信号，让车辆一直保持平衡，而车辆启动的时候用户只要身体重心前倾即可驱动。这既是环保的发明，也是一种智能的产品，大大简化了驾驶操控。

在这个项目早期，乔布斯一度对平衡车产生了兴趣，并对其进行了投资，也在公开场合提出平衡车会带来交通工具领域的变革。乔布斯将平衡车看作个人电脑，认为汽车是大型计算机，言下之意是平衡车在未来会具有更高的普及度。

不过当赛格威产品量产之后，乔布斯也对赛格威平衡车提出了两点批评：其一，他认为赛格威平衡车不够便宜，初代赛格威平衡车售价 5000~8000 美元，后来赛格威持续走高端路线，后续产品价格高达 6 万 ~8 万元人民币，几乎等于一辆小型轿车的价格，高昂的价格让大多数普通人望而却步，也影响了产品普及。其二，他认为赛格威平衡车“不够革新，不够优雅，感觉不到人性”，初代赛格威平衡车有巨大的轮子，半米宽的踏板，这种笨重庞大的设计在追求极简风格的“乔帮主”眼中很是格格不入。

但不管乔布斯怎么看，赛格威平衡车开创了平衡车行业，2002 年第一辆量产的赛格威平衡车 Segway HT i167 发布，到九号公司推出“风行者”平衡车的2012年，赛格威已经成为平衡车领域的龙头企业，占据了平衡车领域 95% 以上的专利。九号公司的“风行者”相较于赛格威平衡车晚了整整 10 年。可惜的是，赛格威并没有听取乔布斯的建议，一直采取高端路线，从而给以九号公司为代表的中国平衡车企业创造了机会。九号公司深谙平衡车发展的关键是用户普及，而普及必然需要采取低价策略，“风行者”将售价压到了 3 万元左右，几乎是当时赛格威平衡车价格的一半。2014 年九号公司又推出了 Ninebot E 型平衡车，价格进一步下降到 1.49 万元。

市场竞争无处不在，在国内廉价平衡车崛起之时，大佬赛格威坐不住了。生死之战打响，赛格威对我国的平衡车企业发起了专利侵权诉讼，并推动展开 337 项调查，试图将我国的平衡车产业消灭在萌芽中。几次交涉未果后，高禄峰发现了赛格威的一个软肋：由于赛格威坚持高端产品路线，所以其平衡车销量一直不及预期，业绩不佳导致企业控制权几次转手，到 2014 年，赛格威的实际控制人是位财务投资者。财务投资者的目标是赚钱，对于产品、企业并不关心，而没有企业控制权的企业创始人团队，则更希望产业资本来接管企业，帮助赛格威进一步发展。

财务投资者要钱，能用钱解决的事就不叫事，当时中国风险投资资本正在崛起，2013—2014 年正是中国创业板的大牛市阶段，国内创投资本有的是钱。于是九号公司引入外援，小米、红杉等迅速提供了支持，通过注资、融资、增发等一系列资本运作，再经历漫长的收购谈判，终于，九号公司全资吃下了赛格威，之后赛格威也更名为 Segway-Ninebot。

吞下“巨龙”的九号公司便成为巨龙，并开始在以下几个方面发力：

1. 多元化产品

对于平衡车继续做减法，进一步压低售价，同时开始追求设计上的极简风格，这几乎延续了当年乔布斯对平衡车的设计思路，极简设计让平衡车逐渐在年轻人中获得了青睐，Z 世代年轻人逐渐将平衡车当作一种潮流。另外借着平衡车的技术优势，企业开始横向开发电动滑板车、电动车、儿童车、全地形车、卡丁车、智能物流配送车等。多元产品之间有共性技术，也是针对不同场景推出的智能化产品。

2. 利用共享经济

2022 年，新冠肺炎疫情已经持续三年，人们出行减少，而不经意间，很多地方的共享单车已经被共享电动车和共享滑板车所取代，这种取代几年前就已经开始了。电动滑板车作为一种轻便灵活的代步工具，2019 年就在国外开始流行起来，相信未来随着出行需求增加，共享电动车、共享滑板车的扩张也将重新开启。作为供应商的九号公司，势必会受益于此轮复苏。

3. 专利战

市场竞争就是你死我活，竞争不是请客吃饭，是要刺刀见红的。拿下赛格威也意味着九号公司拥有平衡车领域 95% 的专利，于是九号公司迅速在全球打起了专利官司，通过专利壁垒将对手挤出市场。当前，九号公司的平衡车在全球的份额超过 6 成，大多数欧美国家的平衡车和电动滑板车的头部份额都被九号公司占有。

4. 以技术迭代来巩固优势

九号公司的创始人骨子里是做机器人的，所以他们一直认为人工智能等技术应用对于平衡车普及至关重要，比如九号公司的 T60 滑板车，这款电动滑板车能在一定范围内自动找到充电位，这个技术对于共享滑板车企业来说，大大减少了企业的运维成本。

5. 云态加生态的应用模式

九号公司有小米基因，很多人把其看作小米生态链企业，所以九号公司在产品生态上也借鉴了小米生态，通过核心物联网云来管控和连接所有的产品。当前，九号公司的云生态还是依附于小米的。但随着小米、红杉等早期支持并购的资本逐步脱钩和退出，九号公司的物联网云 App 将逐渐成为自己的用户入口。很多 App 在有了用户之后会向多个领域转型，比如嵌入式金融、广告推送等。

6. 全球化战略

2021 年，九号公司境内营收占其总营收的 51.39%，境外营收占其总营收的 48.61%，境外营收为 44.46 亿元。根据 GFK 数据，2019

年 1 月到 2020 年 2 月，九号公司的电动滑板车产品在德国、意大利、西班牙等欧洲主要国家的市场份额均为第一。由于拥有专利优势，九号公司的平衡车在国外经常以独占方式出现，这就奠定了九号公司在全球市场中的竞争优势。九号公司的全球化战略相当成功，不同市场相互交叉，也使其不会受到单一市场系统风险的影响。

7. 产业链规划带来的规模效益

2021 年九号公司营收超过 91 亿元，庞大的市场需求让九号公司的上游供应链成本进一步降低，销量增长带来的规模化助力企业获得更强大的竞争力。

8. 九号公司的平衡车、电动滑板车应用场景和自动驾驶匹配度更高

当前自动驾驶技术并不完善，大多数自动驾驶在 L2~L3 水平，而少量自动驾驶升级为 L4，比如谷歌的 Waymo 是 L4，但必须在固定区域内运行。在限定范围内使用是自动驾驶走向实用化的必然选择。平衡车、电动滑板车都是低速交通工具，低速使得这些工具在自动驾驶方面安全性更高。又因为电量限制，平衡车、电动滑板车运动距离有限，这也在客观上划定了这些工具的活动范围。有了这些条件，自动驾驶在平衡车、电动滑板车上实现更为简单。

综上，我们谈了九号公司的很多优点。在一个消费领域，龙头企业往往在行业中占据更多优势资源，九号公司是当前平衡车领域当之无愧的全球龙头，是中国少有的具备全球竞争优势的消费品头部企业，在平衡车领域也具备一定的行业话语权。我们并非为了给九号公司做宣传，我们是站在投资者视角，除了要看到优点，也要看到一些

潜藏的问题。换句话说，未来九号公司如果能够妥善解决这些问题，那么这家企业将成为一家百倍股企业，成为消费领域的新巨头。这些问题包括几点：

第一，对平衡车的普及依然需要加强。

价格是新型消费品普及的一个因素，但并不是唯一因素。产品不仅要便宜，还要好用。电动滑板车和平衡车虽然很受 Z 世代的喜爱，但其实使用这些产品还有一定的门槛。毕竟，它是要操控的，是会动的，开个电瓶车也需要花点时间学习一下。如何降低使用门槛，如何让产品成为一种出行时尚，是当前九号公司要解决的问题。由于九号公司就是行业龙头，所以，这事也不能依靠他人，只能靠自己。

第二,九号公司现金流不够充沛。

九号公司至少有 3 成的产品是通过小米的销售渠道推向市场的，但小米、红杉等早期投资者正在逐步退出。长期活在小米羽翼下有两个好处：一方面是资本支持，小米背后是“雷军系”庞大的资本力量；另一方面是销售渠道，小米将九号公司的硬件纳入自家销售体系，贡献销量，提供用户流量。但小米退出也是必然，九号公司如果想成为 AI 和平衡车领域的头部企业，就必然要洗去小米的“刻印”，学会独立，从研发竞争中获得竞争力，也要自己打造销售渠道。

第三，共享经济存在不确定性。

2019 年，共享电动滑板车成为风潮，但共享经济存在不确定性，比如之前共享单车筑起“坟茔”的景象似乎还历历在目。共享电动滑板车、共享电动车、共享电动汽车等都是未来可能的方向，而对于用户来说，为什么不买一辆电动车，而要买一辆平衡车或者电动滑板车呢？这里不得不说，乔布斯是真神，他对于平衡车设计感的要求，看上去平平无奇，实际是一语中的。平衡车、电动滑板车不具有独占性，它是有替代品的，而战胜替代品的必然是设计。

综上，我们看到了九号公司的可能性，也看到了九号公司未来的问题。在2022年和未来若干年份，这家企业任重而道远，需要在平衡车设计上倾注更多心力来突破销售瓶颈，推动平衡车普及，也有可能需要使用人工智能技术来匹配产品。平衡车本身就是智能化产品，比如通过重心来引导车辆运行，通过陀螺仪和加速度传感器来保持平衡，这些都需要人工智能机器学习算法。

还有一个不确定性，是九号公司是否能够留住赛格威时代的那些人才，当前九号公司40%的人员是研发人员，企业内部研发氛围良好，2021年九号公司的研发开支费用超过5亿元，这个研发开支的绝对金额还是比较大的，但是占营收的比例依然较低。这可能还是因为企业产品的毛利不高，而毛利不高最终还是因为企业产品需要普及。也许通过产品设计能够达到更好的产品传播效果，只可惜乔布斯不在了，否则应该去问问乔布斯心目中的平衡车是什么样的。

最后，说回销售渠道，九号公司已经有1000多家线下门店，大多数情况下科技类消费品是可以通过线上销售的，但平衡车比较特殊，因为普及度还不够，九号公司未来还是应该线下体验、线上销售，让更多年轻人享受到轻量化交通工具的便利性。如果要总结九号公司的核心竞争力，其实就是对赛格威的收购，让九号公司成为技术主导的企业，拥有了行业中绝对的技术领先优势。

（四）产品至上，大爱无疆

本书涉及的大部分企业都是上市企业，因为本书寻找的是百倍股，是给投资者看的。但谈到消费品，有家企业没有上市，却也不得不说，因为它代表着一种类型的企业，这类企业并不谋求产品生态，也不会借力资本上位，它独立自主，想要通过完善产品技术赋予产品独有的特性来占领市场。乔布斯时代的苹果公司就是典型的代表，而在中国，我们也有这么一家企业，那就是大疆创新（简称大疆）。

大疆创新的创始人汪滔从小就是航模爱好者，据他自己描述，小时候看了一本《红色直升机探险故事》的漫画书，就对航模产生了兴趣，汪滔父亲是工程师，为了鼓励孩子的梦想，便给他买了一架遥控直升机，可那架遥控直升机只是玩具，飞了没多久就掉下来了。

汪滔大学就读于华东师范大学，但是他心中一直想要实现遥控直升机的梦想，于是退学想要去麻省理工学院，被麻省理工学院拒绝后选择了香港科技大学。在挑选毕业课题的时候，汪滔自主选择了研发遥控直升机飞控系统课题，目标只有一个，要让遥控直升机悬停在空中。很可惜，虽然汪滔夜以继日地努力，这个课题最终还是失败了，学校勉强给了他个 C，不过学校的一位教授李泽湘看好这位年轻人，也许是看到了汪滔的努力，也许是看到了汪滔的潜力。汪滔最终进了李泽湘的研究生班。

2006 年，硕士在读的汪滔创办了大疆创新，启动资金 20 万元来自家中资助，另外还有两个合伙人。早期的大疆是一家小型作坊，总共也就五六个人，由于种种原因，两个合伙人最终选择离开企业。到 2007 年，大疆内部问题爆发，全公司就剩下汪滔和一个出纳。最后还是导师李泽湘通过自己的关系给汪滔推荐了一些学弟学妹，解决了人力的问题。

2008 年，大疆推出了飞控系统 XP3.1，每月有了 20 台的设备销售量，在2008年汶川大地震的时候，大疆的无人机在救灾过程中发挥了一定的作用。也是同一年，零度智控的创始人杨建军出价15万元买汪滔手里的飞控代码，彼时汪滔已经投入百余万元，所以断然拒绝了这个低报价。零度智控的杨建军当时是比较自信的，他在部队里面做过侦察，对无人机非常熟悉，从部队出来之后创办了零度智控，主要开发固定翼无人机，其开局要比汪滔好很多，拿到了500万元投资，还有政府订单。彼时，杨建军的意思是如果大疆不卖代码，那么自己也能做出来。10多年过去了，2021年5月11日，北京市第一中级人民法院裁定受理零度智控的破产重整案。大疆将零度智控完全挤出了市场。

2010年，是大疆做出重要转折的一年。大疆基于GPS/INS全球定位系统和惯性导航系统，推出了自家第一款无人机飞控：ACE ONE直升机飞控。与此同时，大疆的无人机研发从遥控直升机转向多旋翼无人机。大疆发展多旋翼无人机飞控源于其新西兰代理商的抱怨，当时德国企业MikroKopter生产多轴飞控系统，但这家企业采用DIY策略，当时无人机玩家多是专业人士，他们将这些配件买回去自己组装，这种模式大大限制了产品的扩散，用户体验也很差。汪滔看到了制造商业化飞控的市场可能性，自此，大疆的目标也开始明确，以多旋翼无人机飞控为切入点，推动消费级无人机的普及。

大疆在2011年推出三款飞控：Wookong—H飞控、Wookong—M飞控、Naza—M飞控，又在2012年发布了风火轮F330、F350机架和S800机架，发布了禅思Z15直流无刷云台和Naza—M直升机飞控。至此，大疆拥有了软件、支架、螺旋桨、平衡环以及遥控器的制造能力。2013年1月，大疆精灵正式发售，多旋翼无人机正式告别DIY

时代，进入无人机整机商用化时代。

大疆的发展，也是一路过关斩将的过程，诸多对手纷纷倒在面前：

大疆进入市场遇到的第一个对手是法国的 Parrot。无人机市场分为消费市场和军用市场，Parrot 是消费级无人机领域老牌资深玩家，但是这家企业对于消费级无人机的认知和大疆不一致，Parrot 认为消费级无人机应该强调娱乐性，好玩、便携、亲民是其无人机的研发目标，所以其产品越来越像玩具，发布的产品多为迷你无人机。大疆的目标是长续航、高清拍摄和长距离，保持一定的重量，同时实现更高的性能。大疆在专业级产品中寻求性价比，而 Parrot 想要把无人机用户培养成玩家。结果显而易见，消费级无人机更加重视性能而不是玩法，游戏性、娱乐性在无人机领域行不通。从 2017 年开始，因市场占比下降，Parrot 改变企业战略，逐渐从消费级迷你无人机市场中退出，转向其他应用市场。

大疆的第二个对手是 GoPro，2011 年，大疆精灵 2 配备上了运动相机 GoPro，这种搭配相得益彰，广受欢迎。本来这是一个挺好的合作，但 2015 年，友谊的小船说翻就翻，GoPro 和大疆分道扬镳。事情起因是 GoPro 想要出一款无人机，贴 GoPro 的牌子，用大疆的飞控和部件。但 GoPro 要 2/3 的利润，大疆只同意给 1/2 的利润，和零度智控一样，GoPro 也因为自负而付出代价。其后 GoPro 推出了自己的产品，四旋翼的 Karma 无人机。大疆则迅速推出禅思 X 系列相机替代 GoPro，并发布御 Pro（Mavic Pro）无人机对标 Karma 在市场上打擂台，御 Pro 打得 Karma 无人机满地找牙，其比对手重量更小，且具备更好的性能和稳定性。Karma 在网上爆出的各种坠机事故让这款产品逐步被市场抛弃。2018 年，GoPro 裁员 250 人，宣布退出无人机市场，理由是监管日趋严格，市场竞争太过激烈。大疆则在谋求吞并老牌相机企业哈苏，以此来补足摄像头上的技术短板。

大疆的第三个对手是零度智控。零度智控的起点比大疆高出很多，且同样在 2012 年推出了多旋翼无人机产品。2015 年之前，无人机领域流传着“北零度，南大疆”的说法。2016 年，零度智控和高通合作推出无人机整体解决方案，还推出了口袋无人机 DOBBY，销量一度达 10 万台，可以说表现很好。大疆迅速跟进，1 个月后推出了对标产品御 Mavic Pro。零度智控的问题也马上显现，成也萧何败萧何，DOBBY 的热潮促使零度智控加大备货量，库存是要消耗现金的，但 DOBBY 没有物理云台，不抗风，电子防抖和续航性能也比较差。大疆御 Mavic Pro 虽然小，但性能上并没有打折，DOBBY 最终也输在了性能。

大疆的第四个对手是 3D Robotics。2016 年，国内很多科技博主都在谈这家企业，很多人认为这家企业是大疆最强的竞争者。3D Robotics 的 CEO 也为人耳熟能详，即克里斯·安德森，前《连线》杂志主编，其对中国互联网行业影响深远，互联网三部曲《长尾理论》《免费：商业的未来》《创客》是很多中国互联网创业者的启蒙书籍。通过数年准备，3D Robotics 信心满满地进入消费无人机市场，还挖来了大疆前北美副总 Colin Guinn，在 2015 年推出了 Solo 无人机，3D Robotics 几乎是“all in”进入无人机市场，要和大疆一较高下。但 3D Robotics 低估了无人机市场竞争的激烈程度，低估了大疆。

烧完 1 亿美元后，3D Robotics 认输退出了无人机市场，原因同样是其产品在性能上无法和大疆精灵抗衡，先是大疆精灵3准时发布，而Solo却延迟发布，继而Solo发货后口碑一落千丈，做自动导航的3D Robotics竟然经常发生导航失灵，然后精灵3以一次打折促销结束战斗。克里斯·安德森感慨："我们放弃了硬件，在竞争激烈的消费级市场也难以为继。大疆是家神奇的企业，太多的对手都栽倒在它的脚下，这市场太残酷了。"3D Robotics转而向软件领域发展。

大疆的第五个对手是小米。2013年小米想要和大疆合作，可汪滔想要通过小米平台卖飞控无人机，小米却想着做一款高性价比的无人机产品。大疆是在消费级无人机专业领域做无人机，以合理价格卖出高性能产品，所以理念上与小米背道而驰，谈判不欢而散。小米便自己开始组团队做飞米无人机。从2013年开始，飞米研发多年，最终在2016年推出了首款产品，但尴尬的是，发布会当天，飞米展示无人机炸机坠毁。飞米虽然定价便宜，但发布之后问题不断。大疆推出精灵3SE，这场战斗迅速决出胜负。当然，依托小米雄厚的实力以及其在运营上的能力，飞米并不会完全退出无人机市场，但当前在主流电商的销量证明飞米表现并不成功。

大疆的第六个对手是美国政府。2015年某个早晨，白宫草坪上停了一架大疆无人机，美国特勤局如临大敌，最后发现是前一晚有个官员喝醉酒把大疆放飞到白宫草坪。大疆和美国政府第一次交锋，议员要求国会调查大疆。2018年，美国陆军以安全隐患为由，要求美军不得采购大疆，结果1年后，美国空军直接给了大疆35架御Pro订单，继而其他美军部队也开始跟进采购。2019年美国政府又将大疆列入关税名单，结果大疆反手就在美国来了一轮10%涨价，美国用户在涨价前疯抢大疆成为新闻。在此期间，大疆在美国消费无人机市场的销量增加了 10%，达到 85%。不过大疆和美国政府的博弈还在持续，2022 年，大疆被进一步制裁，这次的制裁不是增加关税，而是断供，大疆机体硬件普遍是自主知识产权，但部分设计软件依然要依赖进口，比如 Figma 就在 3 月封禁了大疆的账号。但这至今还未对大疆造成严重影响。

综上，大疆的对手远远不止 6 个，2015 年，中国出现了一轮科技泡沫，创业板股价飞涨，创投拿着大把钞票去收购初创企业，那一年，暴风集团上市 34 个涨停，资本市场近乎疯狂。也是那一年，有人统计深圳的无人机企业有 200 多家，而大浪淘沙后，如今大多数企业已经不复存在，甚至连名字都没留下。资本市场的潮起潮落对于老股民也是司空见惯。

回头看大疆的成功，笔者认为对投资者很有启发意义，哪怕这是一家还没上市的企业，研究其优势也能让投资者在投资其他消费电子企业的时候得到启发。总结大疆的竞争优势，主要有如下几点：

1. 准确的产品定位

前文所说大疆的五个企业对手中，三家是门外汉，包括 GoPro、3D Robotics、小米。这三家是典型的从其他行业转向无人机市场，这些企业往往受到互联网思维的影响，2014 年以后，进入智能手机行业的门槛很低，也很容易成功，于是很多企业就想通过资本并购来获得技术能力，以此来攻克各类硬件的技术堡垒，但无人机市场是一个专业性很强的领域，这些企业的典型问题就是对行业竞争预期不足。

有两家竞争企业是专业企业。包括 Parrot 和零度智控，它们有很强的专业实力，但是都在做娱乐化的无人机，比如 Parrot 就强调无人机的游戏功能，零度智控最后的倔强放在了口袋机器人 DOBBY 上，很显然这些专业选手怯场了，想要绕过无人机防抖、图传、飞控等核心技术，做一款便携产品。这是一种错误的思路，无人机产品的目标是能稳定飞行，如果脱离了使用的功能性，那么无人机的受众就会很窄。毕竟无人机不是普及的工具，大多数无人机用户是使用无人机去解决问题，比如航拍影视作品，如果无人机不够稳定，不断炸机，又或者续航能力不佳，10 分钟就没电了，那么用户就得不到自己想要的效果。

所以，大疆的成功在于产品定位精准。在消费级无人机中保持较高的性能水平，然后以较为合理的价格出售。抓住无人机用户的主要诉求，那就是长续航、防抖、高清画面、稳定的图片传输，最关键的一点：不炸机（坠机）。

2. 产品至上

苹果公司在乔布斯时代更值得尊敬，因为企业对待产品态度严谨，关注消费者的体验。苹果公司在库克时代更会赚钱，因为企业通过 iOS 系统生态来增加用户黏性，通过操作系统闭源垄断来实现盈利。大疆更像是乔布斯时代的苹果公司，对产品的关注度更高。CEO 汪滔既是管理者，也是技术核心，其很少接受媒体采访，对于技术非常痴迷，对于产品细节非常苛刻，这也客观上导致大疆人员的流动性变大。但大疆产品至上的态度是值得肯定的，技术上也是过硬的。

很多竞争对手未必入得了大疆的眼，但是针对入眼的竞争对手的产品，大疆可以将内部技术资源灵活整合，迅速推出对标的产品，有时候甚至对手企业刚发布了宣传片，还没有正式发布产品，大疆的对标产品就提前出现了，说到底还是源自大疆在技术上的积累。技术积累的本源，是产品至上的态度。

3. 自主化

在互联网思维下，很多企业可以买技术。买来技术迅速形成产品设计，并迅速落地变现。在这个过程中，必然需要依赖供应链，智能手机是如此，电动汽车也是如此，像比亚迪那样自己拥有电池技术的企业毕竟是少数。大疆很重视自主化，大疆的自主化还不是国产化，即便是国内能生产的配件，也要保持自己的技术能力。自主化全产业链模式并非对所有产业都有效，但对无人机产业是有效的，因为消费级无人机是全新产业。在大疆之前，专业无人机企业都在军用领域，消费级无人机企业只是推动小众玩家 DIY 无人机。产业链、供应链基本呈空白状态，所以自主研发是必经之路。

4. 全球化

在走出去的企业里，很多企业在技术和管理上都步入了国际化。比如华为，华为有如今的技术实力关键在于其是最早走出去的一批企业，在和高通、诺基亚等企业的竞争中，华为不得不用研发去竖立专利墙，因为如果不这么争取，其在海外的业务就会因为专利诉讼而停滞。所以跨国竞争对于企业来说的确是在通过激烈竞争来强身健体。

5. 不手软

市场竞争要刺刀见红，慈不掌兵、义不掌财。道通是大疆的老冤家，双方专利官司从国内打到国外，结果还是大疆赢。对于竞争对手的产品，大疆也不是无动于衷，而是针对对标产品的性价比来竞争。大疆在市场竞争中没有手软过，也正是因为不手软，当前消费级无人机市场只有老大，没有老二。大疆也是当前无人机市场的话事人。

综上，在中国像大疆这样以技术至上，抛开所谓的互联网思维的创业太少了。2022 年，又有一大批互联人要去搞 VR、AR 和 MR 了，笔者有些担忧，会不会有更多的暴风魔镜出现？国外互联网巨头如微软、谷歌都在做 MR，都做了 10 年以上还是不能推出完善的消费级产品，不是不愿也，实不能也。很多设备的普及并非一厢情愿，最终不是靠元宇宙概念，而是靠技术。苹果手机为什么在那个时间点成为爆款？因为多点触控技术在那个时间点成熟了。没有过硬的技术，就不要妄图在硬件领域生根发芽。互联网思维有时候仅限于软件领域，在硬件领域还是要技术过硬。

二、汽车工业进入全新纪元

汽车工业在消费领域的天花板最高，属于单价最高的一个产业。这个产业足以支撑一国经济。

（一）国之重器——汽车工业

在美国经济历史上，真正的繁荣期其实只有一段时间，1920—1929 年，持续性的繁荣让当时的美国人忘乎所以，那么，那一轮繁荣的驱动因素是什么？是 T 型车。汽车并不是福特发明的，蒸汽机、内燃机等早已有之，汽车一直以来成本很高，并非普通人能够购买。

1908年福特的T型车出现了，这种车并非性能进步，也并非科技进步，唯一的特点是利用了工业标准化生产，以实现量产，从而具备非常高的性价比。于是，汽车开始大规模替代马车成为时尚交通工具，围绕汽车的轮胎、配件、原油石化等产业也蓬勃发展起来。随着美国家庭汽车的普及，汽车需求蒸蒸日上，经济也迎来极度繁荣。

还有日本的故事，20世纪七八十年代日本的繁荣背后也有汽车工业的影子，因为日本汽车的性价比高，大量进入了欧美市场。两次石油危机导致欧美国家的老百姓收入下滑，而日本通过低油耗的轻型家用汽车迅速占领欧美汽车市场，从而以汽车工业促进了当时经济的发展。

从历史纵向看，汽车工业创造了很多经济奇迹，原因在于工业文明时代，真正推动生产力发展的是城市化、分工协作等，如果简单看经济驱动因素，我们可以将其统一看作是一种“人口聚集”，而汽车增加了人类的活动半径，从而让城市能够容纳更多的人口。一家工厂要招收工人进行规模化生产，如果没有汽车作为交通工具，那么只能在方圆5公里范围内寻求。如果有了汽车作为交通工具，工厂的选择可以扩大到方圆30公里。我们经常在谈“1小时生活圈”，过去，步行1小时也就5公里，如今，车行1小时30公里（考虑到堵车）。正是因为交通工具的改善，才推进了城市化、城市群、全球化的发展。所以，汽车工业不只带动了庞大的产业链，也带来了物流和客运革命，汽车工业本身也是工业革命生产力发展的基础。

无论是日本、德国还是美国，汽车工业往往是一个国家强盛的标志，汽车工业具备较高的壁垒，吸附大量工人，工人都有较高的收入，逐渐成为中产阶层人群，从而缔造了“纺锤形社会”，让社会更加稳定。当然，随着工业机器人的发展，汽车工业支撑的就业总人数在下降，但其对于一国经济的支撑力度依然没有改变。

如此重要的汽车工业，如今正在发生新一轮转变，那就是锂电池汽车正在替代燃油汽车，成为汽车业的主流，这种颠覆性的需求带来了产业链变革，也让我国造车业获得了弯道超车的机会，在政策和市场的双重推动下，我国锂电池汽车迅速崛起，并将成为支撑未来经济发展的重要力量。

（二）比亚迪——股神为何青睐

1992 年，钱学森给当时的邹家华副总理提了一个意见，认为："我国汽车工业要越过汽油柴油阶段，直接进入减少能源污染的新能源阶段。"30 年前的话非常具有前瞻性，30 年时间，我国通过新能源汽车实现了汽车工业领域的弯道超车。

大家关于锂电池汽车未来市场的发展有很多种预测，工业和信息化部的说法是 2025 年新能源汽车销量占比达 25%，笔者认为工业和信息化部绝对低估了新能源汽车的销量。很多新应用都有一个商用化落地的临界点，在临界点以前，新应用往往只是少部分人的玩具，而在临界点之后，将迅速颠覆使用者的认知。有人也将这个点称为"奇点"，突破奇点之后的增速是几何式的，对于旧有应用则是摧枯拉朽的态势。锂电池汽车替代燃油汽车是大势所趋，这个大势所趋并非政府政策推动，而是锂电池汽车具备更高的使用性价比。

买车当然为了用。如果锂电池汽车相比较于燃油汽车便宜又好用，用户还有什么动力买燃油汽车？抛开国家层面的补贴、购置税减免，就当前能源消耗方面，一辆特斯拉 Model Y 充满电要 68~80 度电，续航 400~500 公里，北京三档最高电价 0.78 元 / 度，满打满算充电成本不过 65 元，而同样里程的燃油汽车，花费不会低于 300 元。以这些粗略毛估数据可以看到，燃油汽车的使用成本是锂电池汽车的 5 倍。不仅如此，燃油汽车需要进行发动机保养，零件多花费高。锂电池汽车的保养非常简单，花费又大幅度减少。当然在成本中，很多人说锂电池汽车的电池成本占整车的成本过高，且充电时间过长不适宜跑长途。关于锂电池价格较高的问题，2021—2022 年锂电池材料大幅度涨价，比如 2022 年电池级碳酸锂最高达到了 50 万元 / 吨，相对 2021 年涨价了 10 倍。这也意味着未来锂电池汽车回收产业发展之后，很多车辆的剩余价值还是不低的。

所以，当前锂电池汽车的弱点有且仅有一个，那就是充电时间长。当然，换电是一个解决方案，但换电站需要购买大量电池，众所周知，电池很贵，私家车也不太愿意更换自己的电池模块。故而目前的主要方式是在停车场所安装充电桩，未来可能要统一充电接口，这样车辆就能利用闲暇时间充电。但在一些繁忙的高速服务区，可能出现充电位阶段性紧张问题，这个依然没有办法回避。但在诸多性价比和使用优势面前，这点瑕疵并不会阻碍锂电池汽车未来的普及。

锂电池汽车产业非常庞大。笔者常年关注宁德时代、比亚迪、蔚来、小鹏等企业，也关注上游电池材料、锂动力电池生产企业，但本书我们着重谈比亚迪，原因是比亚迪具备锂电池汽车的全产业链优势。

2008 年 9 月，巴菲特以每股 8 港元的价格认购 2.25 亿股比亚迪 H 股，交易总金额约为 18 亿港元。2022 年 3 月末比亚迪股份港股股价 224.4 港元 / 股，如无意外，这将是巴菲特投资的一只全新百倍股。

2022 年 4 月，比亚迪汽车宣布，自 2022 年 3 月起停止燃油汽车的整车生产，未来在汽车板块将专注于纯电动和插电式混合动力汽车业务，此举也将进一步强化其业务聚焦，可以看出比亚迪的领导者在决策方面有很强的魄力和执行力。

比亚迪的创业路径比较简单。王传福是硕士毕业，早年在有色金属研究院 301 所担任负责人，1993 年被派到比格电池厂。当时下海大潮涌来，1 年后王传福跳出体制变为商人，1995 年创立比亚迪科技公司，主要经营镍镉充电电池。从大哥大到诺基亚的时代，镍铬电池是手机电池的主流。这个阶段，比亚迪攻城拔寨，1997 年亚洲金融危机后，日本电池厂商败下阵来，比亚迪也逐步成为主流手机的电池供应商。

之后手机电池向锂离子电池转向，比亚迪通过锂离子电池产品拿下了诺基亚的订单，同时也看到了锂离子电池的前景，继而开始布局汽车产业和磷酸铁锂技术。当时汽车业还看不到锂动力电池的前景，所以比亚迪的前瞻布局遭遇了不小的非议。2003 年比亚迪生产的镉镍电池超过三洋成为全球第一。但比亚迪的目标是车载电池，要研发车载电池首先就要有造车能力，于是 2004 年，比亚迪并购秦川汽车，之后比亚迪推出了 F3，该款车型前期销售火爆，属于高性价比用户定位，但是后期质量控制有点一言难尽。不过比亚迪的目标并不是造车，本来和 F3 一起推出的还有一辆磷酸铁锂电池的锂电池汽车 F3e，但 2006 年，我国街面上根本没有充电桩，所以不可能卖出去。

2008 年，巴菲特投资比亚迪，那一年也是比亚迪比较艰难的年份，出现了比较多的质量问题，原因是其质量管控没能赶上 F3 的销量提升。

2014年，锂电池汽车发展的趋势渐渐扩大，政府开始支持新能源汽车，比亚迪的E6电动出租车和K9电动大巴车开始在全国公共交通采购中崭露头角。尤其是在深圳地区，2014—2015年比亚迪的电动出租车逐渐遍布大街小巷。

2015年之后，磷酸铁锂电池和三元锂电池的技术争议开始显现，至今，比亚迪的磷酸铁锂电池已经发展为刀片电池，但三元锂电池的确更受欢迎，因为三元锂电池聚焦了最关键的一个新能源汽车的痛点，那就是续航里程数。但磷酸铁锂电池有更高的安全性、更长的使用寿命（充放电次数是三元锂电池的三倍左右）、不含任何重金属和稀有金属（原材料成本低）、支持快速充电、工作温度范围广等。不过磷酸铁锂电池的振实密度与压实密度很低，导致电池的能量密度较低、成品率低、一致性差。三元锂电池的续航长，但安全性相对较差。

三元锂电池和磷酸铁锂电池的材料争议还在继续，但2022年似乎情况又反过来有利于磷酸铁锂电池了，诸如特斯拉这样的厂商也在尝试从三元锂电池的NCA电池转向磷酸铁锂电池。当然，磷酸铁锂电池不会是锂电池车的主导者，将是一个补充品。2022年磷酸铁锂电池的强势主要有以下几个原因：

一是三元锂电池中的部分元素价格飞涨，无论是镍钴铝酸锂还是镍钴锰酸锂，都需要镍和钴，2022年上半年的俄乌冲突曾一度让镍价飞涨，成为“妖镍”，而最近数年，三元锂电池性能提升的方式一直就是提高镍的含量，所以镍价影响三元锂电池的生产成本。

二是三元锂电池的安全性依然被诟病，这只是个相对选项，随着镍含量提高，锂的活跃度提升，能量密度才会提高，续航能力才会增强，但锂的活跃同样会带来安全问题，当然，技术可以弥补安全上的不足。

三是磷酸铁锂电池的能量密度相对较低，但通过电池结构的优化，增加空间体积利用率，同一辆车能够携带更大质量的电池，从而让电动汽车续航能力追上三元锂电池，这种方式简单粗暴但十分有效，让磷酸铁锂电池和三元锂电池的差距进一步缩小。

很多人也许会问，为什么巴菲特不投资特斯拉或者中国另一家企业宁德时代？笔者认为，在2008年的当口，特斯拉和宁德时代尚在初创阶段，在技术方向还不明朗的时期，选择一家锂电池方面的龙头企业是巴菲特等价值投资者的一贯作风，价值投资者即使在成长股投资方面，也是选择成熟的企业，而不像风险投资者那样在小企业中赌未来。巴菲特对比亚迪的投资，既不是为了比亚迪的汽车业务，也不是为了比亚迪的OEM电子消费品代工业务，就是为了比亚迪的电池业务。

从2008年看，比亚迪在镍镉电池方面占有全球最大的市场份额，而在锂离子电池方面，其和当时的巨头诺基亚达成合作。还是从2008年看，比亚迪也是最早关注汽车锂电池的企业，且在2006年其已经有样品，也就是比亚迪F3e，所以在巴菲特的眼中，比亚迪一直就是一家电池企业。当前巴菲特对比亚迪的投资是由伯克希尔·哈撒韦子公司伯克希尔能源公司持股，可见巴菲特把比亚迪业务归类为能源。

巴菲特在投资比亚迪的时候听取了芒格的建议。这里有个插曲，当时巴菲特派了戴维·索科尔来调研比亚迪，王传福当面喝下一杯电解液来证明自己产品的环保特性。如果故事是真实的，那么巴菲特对于比亚迪的关注点在于：比亚迪拥有符合未来环保趋势的电池技术。

除了掌握未来的环保电池，比亚迪在竞争方面还有如下几点优势：

（1）比亚迪具备锂电池汽车供应链自主能力。比亚迪是新能源汽车全产业链企业。2021 年，汽车芯片短缺问题蔓延，而比亚迪因具备汽车芯片自给能力稳定了产能。比亚迪有汽车制造能力、有电池技术、有汽车芯片。汽车是由多个零件组成的，任何零件的缺口都会导致供应链整体停摆，而全产业链的模式能够解决很多问题。新能源汽车组装和全产业链依然是一个值得长期探讨的话题。

（2）比亚迪在全球化方面较为成功。实际上比亚迪出海的主导产品是大巴车，虽然在最近数年因为中美贸易摩擦，比亚迪在海外的业务有所受挫，但瑕不掩瑜，比亚迪是典型的"墙内开花墙外香"的企业。全球化战略对于汽车企业非常重要，还记得我们在前面谈过美、日、德制造业的崛起吗？实际上我国要突破中等收入瓶颈，汽车工业一定是需要重点关注的，而突破国内市场将是打开国产汽车业发展瓶颈的重要手段。

（3）比亚迪属于技术开拓者。技术演进也是有区分的，有些技术成果的出现是随机、偶然的，其研发需要承受一些风险。但有些技术成果的出现是渐进、融合的，也就是研发风险较低。比亚迪从镍镉电池、锂电池、汽油车、电动车、汽车芯片、电动大巴车等一路走来，可以看出这家企业拥有一定的技术开拓能力，在产品上专注度更高。

综上，国内很多车企用 1~2 年时间就实现了弯道超车，如蔚来、小鹏、长城等企业利用日渐成熟的供应链增强了电动车造车实力，但比亚迪依然是其中供应链最完备的企业。未来比亚迪通过产业链整合优势，会逐渐在竞争中崭露头角，毕竟，技术演进和用户体验往往是一轮长跑。

三、消费互联网印钞机

前面说的消费领域的企业往往遵循一个大原则，那就是自产自销。但也有部分企业想出了好办法，比如可口可乐，其主要是卖给灌装厂可乐糖浆，但这里的前提是可口可乐自己要生产可乐糖浆。那么，有没有完全不用自己生产的企业，一手进，一手出？这类企业我们统一称之为“平台型企业”。

（一）颠覆零售和物流——电商革命

电商的优势，相信已经无人不知，如今能够看懂电商的投资者也越来越多了。电商相对于线下商超有很多优势，比如：

电商具有无限货架，而线下超市只有有限货架，对于消费者来说，电商的产品选择更多。

电商能够满足长尾需求。过去，我们买的是标准品，因为即使想要买个性化的产品也买不到，即使有个性化的商品超市也摆不下，而电商解决了这个问题。小众商品能够从基数庞大的互联网用户中找到目标受众，而目标受众可以在无限货架中找到小众商品。

电商销售成本更低，而匹配效率更高。线下房租、水电的成本消耗巨大，尤其是线下客流量和房租价格挂钩，而线上成本较低，只要有网络、电力、电脑就可以将货物搬上货架。

电商更容易获得规模优势。线下商店往往面对一个小区，顶多一个城市。电商可以面对整个市场的消费者，很容易获得流量。

综上，过去 20 年，在零售领域是线上狂飙突进，线下转型退避的大趋势，很多线下零售商正在退出，线下的门店已经不再是销售门店，更多转变为体验店。餐饮、娱乐行业已经成为CBD商业圈的核心商业内容，而在商品领域，盲盒、剧本杀等以体验为主要需求的新模式成为主导。

当然，作为投资者，我们既要着眼于已有的改变，也要关注于未来，电商行业的核心问题不是过去有多辉煌，而是未来是否能延续辉煌。

2021—2022年，对于互联网的整顿全面展开，国内反垄断从立法层面到执法层面全面推进，国外美股监管层出台《外国企业问责法案》。互联网行业尤其是电商在内外政策法规夹击之下风雨飘摇。就拿阿里巴巴举例，2014年9月19日阿里巴巴在美股上市，定价为68美元/股，而2022年3月18日，阿里巴巴股价最低跌到73.28美元/股，七年半时间，阿里巴巴几乎回到了原点，这也就意味着大多数购买阿里巴巴股票的投资者都处于亏损状态。有趣的是，最近数年，巴菲特的盟友芒格一直在推荐阿里巴巴，并且利用旗下基金Daily Journal买入阿里巴巴，根据WhaleWisdom数据，2021年年底Daily Journal持有60.2万股阿里巴巴股票。

电商真的如此不堪一击吗？答案是否定的。2022年上海暴发新冠肺炎疫情期间，很多上海人早上闹钟响起后第一件事就是上网抢菜，而很多城市里面的单身青年接触最多的就是外卖小哥和配送小哥。人类的生存方式已经发生了改变，每天在菜场超市流连的大部分是老人。年轻人哪怕买包纸巾，都是用手机在线购买。有人说这可能是“懒人经济”，实际上这是“省时经济”。大多数年轻人的观念里，去趟超市的时间本身就是可以利用的时间，哪怕在沙发上“葛优躺”，也是属于自己的休闲时间，而电商一旦和生活、工作效率挂钩，我们就无法抛开了。

当然，我们并不认为所有的电商都是好的模式，在中国的电商行业里面，我们看到的模式有四种。

1. 经销商平台

比如阿里巴巴，虽然阿里巴巴也在开展自营，但其基本盘还在淘宝、天猫。阿里巴巴是一个中间商，店家在淘宝上开店，用户在淘宝上购物，阿里巴巴作为中间人，在店家和用户之间协调。交易达成需要在买方和卖方之间达成互信，那么淘宝就是这个互信的担保人。这种模式在国外类似于早期的 eBay，可以形成轻资产。阿里巴巴只是一个中间人，而淘宝店家和消费者都是阿里巴巴的顾客。所以，阿里巴巴既可以给消费者销售“88VIP 会员”，也可以针对淘宝店家兜售搜索排名、支付结算服务、云计算服务、物流解决方案等，阿里巴巴延伸出了蚂蚁金服、阿里云、菜鸟网络等，都是围绕店家的服务。阿里巴巴作为轻资产的中间人，吃了上家吃下家，两边赚钱。但这种模式也有问题，那就是阿里巴巴的盈利能力提升并不意味着淘宝店主赚钱。实际上，淘宝如今的商家越来越趋向于“集中”，那些销量巨大的淘宝店主，往往能够支付更高的营销费用，而营销费用支付得越多，店家在电商领域的优势越明显。这样造成的结果是，越是头部的淘宝店主，越是有能力支付高昂的营销费用。新进入的淘宝店主往往没有能力支付高昂的营销费用。于是，淘宝店的销售模式逐渐固化，当红利期过去，最终将形成一个单一品类高度集中的销售网络集群。

这几年阿里巴巴实际上也看到了这些问题，并采用了如下几种解决方案：

（1）增加自营。阿里巴巴自营有个明显的缺点，和淘宝店之间会出现内部竞争，包括市场竞争和平台资源竞争，很难一碗水端平。

（2）增加新平台。诸如闲鱼。但随着监管的强化，如今闲鱼中实际的交易者已经不再是个人用户，小商家换了个马甲，在闲鱼继续支摊子卖商品。长此以往，闲鱼的店家也会再次集中。

（3）内容电商和社交电商丰富淘宝系电商渠道。比如带货直播是淘宝新的突破点，但带货直播也出现了向头部集中的现象，带货直播排名前几位的主播往往对于厂家有很强的议价能力，能够拿到又好又便宜的商品，而高性价比的商品也让头部主播拥有更多的粉丝。

综上，实际上淘宝，或者说淘宝系的问题在于其自身是一个去中心化的平台，但大多数去中心化市场的竞争最终都会决出胜负，容易在平台内部出现“赢者通吃”的现象。消费者往往更希望有丰富的新鲜品类加入。淘宝模式使淘宝店主业务太集中，规模小的淘宝店主失去了上升通道。

2. 自营电商

自营电商和在淘宝当店小二模式不同，自营电商是自主管控物流，自主选择销售商品的品牌、品类。自营的缺点也很明显，不能覆盖小众商品。之前自营电商中有好几个竞争者，比如京东、苏宁易购、网易严选等，但经过几轮竞争之后，如今京东一枝独秀。京东的经营轨迹非常类似于亚马逊，其核心打法就是自建智能化物流，这是一种“长期主义”的做法。京东建物流系统的原因，要从当前国内的快递结构说起。

国当前内的快递可以划分为高端快递件和普通快递件。在普通快递件方面，有四通一达和极兔等通过价格、规模竞争的众多企业。在高端快递件方面，总共就三家企业：顺丰、京东和 EMS。顺丰拥有货运飞机，对于大量公务件、时效件来说，时效是刚需，这就体现出顺丰的优势了，客户对于顺丰快递的时效性较有信心。但顺丰有个软肋，和四通一达不同，顺丰没有背靠电商，而电商快递件占总快递件的 8 成份额。顺丰自己也尝试做电商，但最终还是关门歇业，其又不肯委身“下嫁”给“菜鸟网络”，所以单量不足是重要问题。EMS 在时效上一般，但大量公务件是 EMS 的基本盘，政府部门和事业单位一般用 EMS 来发件，出于多种考虑，也包括安全考虑。

顺丰和 EMS 都是高端快递，但是两者都忽略了一个需求：高端电商快递。比如要网购一台电脑，要网购一台大家电，此时，四通一达的快递品质达不到顾客要求，很多顾客会注明“发顺丰”，但实际上顺丰快递在电商领域一般需要加价才给配送。那么有没有一种快递，可以高效配送这些电商高端件，不用加价且安全性还高？实际上这就是京东建设物流的早期目标。

京东的物流系统当然不只是为了配送高端件，电商的线上线下模式实际上是把线下的网点改造为本地化前置仓，如果电商把商品放在本地的仓库，那么客户购买的时候就不需要再从遥远的外地调货，从本地的仓库直接配送即可。所以京东在一些购物节的时候，会出现半夜 12 点下单，上午就送达的情况，京东前置仓往往和线下家电零售业态结合，本地人既可以到店消费，也可以在线下单，但线上配送到家的商品其实和线下到店购买的是同一种商品。

前置仓的作用不仅仅是使配送更快捷，还在于前置仓可以实现更多本地化配送服务，包括冷链药品、冷链生鲜、鲜花配送等，可以统称为即时配送。京东不仅设置前置仓，还通过全渠道方式合并达达集团，与华润万家、沃尔玛、永辉等370多家商超开展合作，这些合作的目标就是增加京东本地化前置物流仓的覆盖。值得一提的是，实际上京东的模式本来会有一个很强大的竞争对手，那就是亚马逊，但众所周知，亚马逊在国内的业务基本“收摊”，且即使放亚马逊进入，就其当前的物流建设进度，应该也是“拍马难及”。

3. 社交电商

社交电商的典型代表是拼多多，叫朋友“砍一刀”的拼多多，实际上不能算严格意义上的社交电商，其依靠的并非社交，而是通过拼团跑量实现较高性价比，过去淘宝商品便宜，是淘宝店主开店成本低，竞争少。如今淘宝店越来越集中，小商户越来越难进入淘宝电商生态当中，且淘宝店的流量成本越来越高。此时，拼多多通过团购的方式，一手去商家那里谈判压低进货价格，另一手通过帮忙“砍一刀”的方式以低价来吸引用户参与，培养拼团用户群体。利用消费者贪便宜的心理，促使其将拼多多推荐到自己闭环的社交圈层。拼多多的生意更像一个循环：用户多，去厂家压价，价格便宜让更多用户参与。淘宝系电商的直播带货和拼多多是异曲同工，用户流量和性价比之间相互增强。

拼多多也有自身的问题，那就是商品调性提升困境，拼多多如何摆脱性价比的定位，走向高格调？淘宝过去也用性价比吸引顾客，但如今也在向品质转型。低值低价会给客户留下不好的印象，而这种偏见扭转的成本很高。国外亚马逊模式占据主流的原因就是eBay等平台交易过于零散，品质无法保证。在电商平台消费时，有人是要找那些新鲜感、高性价比的商品，但有人就是为了省心，而随着中国消费者收入的增加，对于品质的追求也将逐步升温，这个我们前面反复说过，做中产阶层的生意，才是财富正道。

4. 内容电商

这是用户热衷参与内容制作的时代，以短视频、图文、中视频为代表的自媒体内容行业蓬勃发展。互联网时代关注的不是用户的钱包，而是用户的注意力和时间，所以自媒体行业异军突起，公共场合“低头族”日渐庞大。当自媒体平台手握大量内容和用户流量的时候，其就要谋求利用流量和内容来变现，第一个想到的变现渠道是嵌入广告。“免费内容 + 广告变现”的方式起于谷歌，如今已经成为自媒体平台和自媒体盈利的主要方式。但单纯的用户广告投放带动的流量变现能力十分有限，自媒体平台需要保留大量财力支付给内容创作者，所以自媒体平台急需拓展流量变现渠道。

自媒体想到的第二个变现渠道是金融，比如通过嵌入式金融方式卖理财产品，同时去拓展支付工具，但这种模式很容易招来严厉的监管。金融行业的监管本身比自媒体行业更加严格，且自媒体行业并没有频繁的支付交易，用户很少使用自媒体的支付工具。所以，金融嵌入式渠道虽然也在蓬勃发展，但不足以成为自媒体平台的理想变现渠道。

自媒体想到的第三个变现渠道是电商。如今抖音、小红书、知乎、哔哩哔哩等已经成为新的电商端口。实际上淘宝系的直播带货和抖音系的内容电商在内容上非常类似，但本质却有不同，抖音、小红书和知乎的电商往往是内容主导，这里的区别在于，直播带货更像电视购物，而抖音等内容电商更像是在电视剧里面插播广告。当然，它们都有交叉和类似的内容电商业务。内容电商当前还是起跑阶段，但能量已经逐步展现。在国外，当前 Meta（原 Facebook）已经遇到了最强对手，那就是抖音的海外版 Tik Tok。有统计数据显示，Tik Tok 是 2021 年世界上访问量最大的互联网网站，超过了 2020 年的领头羊谷歌。字节跳动 2021 年业绩的主要动力来自海外的 Tik Tok 流量增加和国内的电商业务增长。

综上，电商行业并没有走下坡路，也没有遭遇天花板，电商行业的核心关键词就是：需求。如果国人购买力提升的大趋势没有改变，那么电商作为主流的消费方式向好的大趋势也不会改变，而对于电商平台，笔者认为其至少还有以下几个方面的业务增量：

第一，纵向和横向拓宽市场。纵向拓宽，也就是沿着电商供应链纵向拓展，电商的供应链包括：生产厂商、物流配送、销售渠道。电商可以自己生产，比如智造工厂；可以参与物流，比如自营物流或者组建物流网络；可以从撮合商品交易的平台转向自营商品。

横向拓宽，也就是电商提供产品的品类还有增加空间，既可以提供商品，也可以提供服务，未来将整合平台上已经拥有的商品和服务，形成整体解决方案，比如整车保养维修服务解决方案，比如家政保洁服务解决方案，比如家居装修一站式解决方案。这些解决方案都是由平台已有产品和服务组合拼接而成，但这些解决方案并不只是解决单一问题，而是解决一系列问题。

第二，电商向金融领域扩展。100 多年前，分期付款的普及主要是因为以通用电气为代表的家电销售商想要扩大销售，所以采用分期付款和信用购买的方式来销售大宗家电。2008 年次贷危机的时候，通用电气旗下的金融业务规模已经十分庞大，被称为“美国第七大银行”，虽然通用金融在次贷危机后逐步走向终点，但可以看出，消费品和消费金融天然存在业务互补性。当前消费金融也面临着比较严格的金融监管，不过我们要看到，大多数金融监管的焦点是合规性，而非让消费金融和电商彻底脱钩。

第三，“1 小时生活圈”带来的新业务。典型的例子是社区生鲜，在新冠肺炎疫情期间，很多人有在线抢菜的经历。美团和饿了么这样的外卖平台业务揭开了本地化服务的新篇章。未来的电商，也可能不再是长距离商品搬运，而是本地前置仓分拣后直接配送到家。但实际上本地服务的内容还很丰富，比如平时家里电器、水管、电路、网路等坏了的时候，可以通过本地化的维修平台找人上门服务。

第四，下沉。下沉到农村，一方面对接农产品的销售，另一方面对接农民的消费需求。很多乡下小店都是可以改造的多业务网点，比如收发快递、缴纳水电费等，其可以成为电商的线下网点。

综上，电商实际上还有很大的发展空间，只要人类想节约更多时间，电商提供的新产品、新服务就会源源不断地产生。电商的本质不是让我们变得更勤奋，而是让我们有更多闲暇。那么在一众电商模式中，我们又该如何选择呢？

笔者认为，自建物流系统的京东自营模式，可能前景较为广阔。当然不是否定阿里巴巴、拼多多、抖音等模式，而是认为电商自营未来有更多的可能性。自营有两个好处：其一，自营可以主动选择品牌。非自营的淘宝系，往往是根据销售和评价来排名的，这就使得部分商品的排名表现存在很大水分，但淘宝系不能去筛选这些有水分的商品，因为平台规则就是按照销量和用户评价排名，哪怕这些有水分。但自营可以进行选品。不仅如此，自营还可以带动小品牌的销售，有些小品牌为了占领大品牌的市场份额，会更加注重提升性价比和用户体验。其二，自营物流、自营电商、自营配送、自营维修售后等模式，最终会诞生新的业态。平台电商则很难实现上述模式，因为平台经销商并非自己的下属，而是平台电商的客户，平台对客户的话语权较弱。

另外，我们也要考虑一下品牌调性。品牌调性是我们在讨论消费品时经常提到的，很显然，有些平台型的电商由于不能通过自营的方式去掌握物流，商品更加强调低价低值。中国未来最大的发展趋势是依赖庞大的中产阶层人群，中产阶层不仅追求性价比，还会更多考虑售前售后的服务品质，而自营可以让消费者线上购物体验有所优化。

（二）虚拟世界走向何方——元宇宙的本质是游戏

如果说电商的目标是让用户节省更多时间，那么游戏、社交、娱乐的目标则是让用户花更多时间。2021 年，一个热词成为整个市场的焦点，元宇宙。元宇宙本身并不稀奇，如果大家看过科幻片，必然能够想到人类生活在虚拟世界的未来状态。

未来一个现实中的人，在家戴上各类感知装备，包括 VR 和很多传感装备，在虚拟世界中参与真实感爆棚的元宇宙游戏。

未来一个活人去世之后，记忆上传到一个游戏虚拟世界当中，继续存在于人类社会。

未来一个人工作都在游戏中，工作过程被设计成一个副本，将工作融入娱乐中。

未来一个虚拟人玩家，会拥有高级人工智能，引导玩家组局对战。

实际上元宇宙是网络游戏，很多专家将元宇宙描述得无所不能，却忽略了元宇宙网络游戏的基本属性。元宇宙发展的不是现实世界，而是虚拟世界，是在线网络游戏内容的强化。元宇宙主要是在网络游戏的基础上，添加了几个重要元素。

1. UGC 下的用户创作

UGC 全称为 User Generated Content，可以称之为用户生成内容或者用户原创内容。与其相对的是 PGC，PGC 全称为 Professional Generated Content，可以称之为专业生产内容。还有一个互联网名词叫作 OGC，OGC 全称为 Occupationally Generated Content，可以称之为职业生产内容。OGC 和 PGC 的核心都是专业人士制作内容，区别在于，OGC 是领工资的职业内容生产者，PGC 是基于爱好的专业内容生产者。UGC 是完全没有专业背景的内容生产者，比如自媒体作者。

元宇宙内容生产者应该是 UGC，而并不是 PGC 和 OGC。过去，内容出版商是猎人，用户是猎物，出版商要了解用户喜欢什么；如今，内容才是猎物，用户是猎人，出版商往往给用户一个“留白”的内容 IP，等着用户自己创作内容去填补这些“留白”。

比如过去迪士尼推出的形象都是有影视 IP 支持的，白雪公主来自《白雪公主》电影，人物形象是框定的；而如今迪士尼推出没有影视 IP 支持的星黛露系列玩偶，像玲娜贝儿，一只每天和迪士尼游客互动的小狐狸。为什么玲娜贝儿没有 IP 却要每天和粉丝互动？因为玲娜贝儿的传播主要来自自媒体，需要通过互动来制造素材和话题性，让更多人参与进来为玲娜贝儿讲故事。

UGC 商家抓住了用户两个特点：一是人类有脑补的能力，或者说想象力，二是人类有虚荣心。UGC 就是激发人类想象力和虚荣心，以此来激发创作、参与热情。元宇宙是个游戏，不同之处在于其是一个面向未来的网络游戏，其网络游戏中需要的元素浩如烟海，光靠 PGC 和 OGC，通过专业人士的制作恐怕不能满足快速发展的需求，所以元宇宙游戏产生之初就采用开放的模式。鼓励用户使用游戏编辑器和游戏捏脸工具，让用户自己给游戏添加各种内容，以此来缩短元宇宙这个游戏发展的进程。

2. 经济系统

元宇宙为什么要有经济系统？为了激励 UGC 用户参与。UGC 时代除了调动用户参与的兴趣，还要给用户一定的收益来激励他们参与到内容创作中来。

在国外，元宇宙经济系统是以区块链技术来建立的，通过 DeFi 和 NFT 等区块链生态系统来搭建。经济系统分为数字资产、数字货币、数字交易体系三个部分，比如数字货币用比特币、数字资产用 NFT 来确权，通过分布式金融的方式来达成交易。为什么要采取这种模式？关键还是一个平台信任的问题，平台激励用户内容创作有两种方式：一种是平台给制作内容的用户发钱，另一种是利用去中心化的区块链技术来实现技术互信。此时市场会对内容优劣进行筛选。

在国内，经济系统可能并不会采用公链平台。元宇宙数字货币可能使用数字人民币，数字资产可能使用政府主导、自主化的联盟链，数字交易体系可能由政策制定者主导。因为去中心化的区块链技术会导致无法监管，有风险，所以国内元宇宙经济系统尚未形成。未来很长一段时间，国内将以平台定价购买内容的方式推进 UGC 发展。

3. 游戏将是元宇宙的起点

元宇宙基于网络游戏，比如游戏中开演唱会，比如游戏中开毕业典礼，比如游戏里面买卖虚拟地产，比如虚拟偶像。

国内有人反对网络游戏，认为玩物丧志。但笔者认为网络游戏才是中国经济的未来。网络游戏是现代社会的棉铁产业，在 100 年前，中国有名的实业家张謇提出“棉铁主义”，认为当时积贫积弱的中国产业逆袭要依赖棉纺织业和钢铁行业。无独有偶，美国哈佛大学历史学教授斯文·贝克特写了一本《棉花帝国：一部资本主义全球史》，书中认为“二战”之前全球的战争、贸易、争端等，都是围绕棉花产业展开。

网络游戏和棉花是同等重要的产业，它们有以下三点共同特征：其一，需求。棉花和网络游戏的需求都不存在天花板。其二，产业链。棉花和网络游戏带动了上下游庞大的产业链，比如棉花产业带动了棉花种植、采摘、运输、贸易、加工、纺织等产业，吸附了大量就业者，而网络游戏产业也缔造了庞大的供应链需求，网络游戏需要显示效果，CPU 处理器和 GPU 独立显卡就发展起来，围绕网络游戏制作的 3D 建模、电子竞技等产业蓬勃发展，台式电脑和智能手机不断地突破性能临界点，也是为了网络游戏，如果仅仅为了打字，我们根本不需要如此强大的运算能力。其三，供应链。如果棉花促进的是全球化，促进了分工，那么网络游戏促进了新协作方式的产生。之前，已经有人在网络游戏中嵌入在线演唱会、展销会、毕业典礼、科技大会等活动。未来，人类可以在家远程操控工厂机器，将现实工作和游戏里面的任务系统结合。想象一下，我们在游戏中花很多时间去完成那些单调的任务，诸如挖矿、打怪，实际上这和很多人现实从事的工作内容非常相似。为什么人们对游戏中的机械运动乐此不疲，而在现实中工作却无精打采？主要还是体验的差异。所以网络游戏将推动新社会生产协作方式的产生。

游戏将是元宇宙的起点，很难想象，有人一边喊着发展元宇宙，一边却要求限制网络游戏产业的发展。实际上，没有网络游戏的发展，根本不存在元宇宙的发展。

UGC、网络游戏、经济系统这三点是元宇宙的核心特征。当然元宇宙还有很多元素：数字偶像、VR/AR、游戏云、游戏引擎、虚拟地产、NFT、加密货币等，但这些元素都是旁支。投资者在找元宇宙概念股的时候，往往会忽视元宇宙的核心特征，而去关注元宇宙的元素，这是舍本逐末。实际上，这三个特征分别对应三个产业：UGC对应的是自媒体产业，网络游戏对应的是游戏产业，经济系统对应互联网金融产业。所以，实际上我们一直追逐探寻的元宇宙，是这些产业的未来形态。未来的元宇宙，可能就是融合了自媒体、互联网金融和游戏产业，形成的一个强大的虚拟世界载体。

说了元宇宙的特征，我们再回头说一说元宇宙是怎么来的。

元宇宙首先是由一家叫罗布乐思的游戏平台企业喊出来的，这是一个类似4399的游戏平台，这个平台上面的游戏画质都很一般。但这个游戏平台有一个游戏编辑器，这个游戏编辑器可以用于制作游戏，且制作过程非常简单，9岁儿童都能制作一款越狱游戏。罗布乐思鼓励用户参与游戏制作，用户制作的游戏可以在平台上卖，既可以买断，也可以内购，交易后，制作者可以获得罗布币，而积累到一定量的罗布币后，用户可以提现。我们可以看到罗布乐思拥有元宇宙所有的元素：UGC（自制游戏）、网络游戏（本身就是游戏平台）、经济系统（罗布币交易，提现）。2021 年 3 月罗布乐思上市，招股说明书为了讲好故事，于是称呼这种模式为元宇宙。

扎克伯格从"元宇宙"三个字中获得灵感，正好 Facebook 遭遇社交媒体领域的增长瓶颈，2014 年 Facebook 收购 VR 头部显示企业 Oculus，但由于 VR 头显没有获得市场认可，一直毫无用处。扎克伯格百爪挠心，他想让 Facebook 找到新增长点，想让 VR 头显成为像苹果手机一样的爆款，更重要的是，Facebook 遭遇了 Tik Tok 的竞争后，发现 UGC 领域自己一直没玩好。于是，扎克伯格"all in"元宇宙。将 Facebook 改名 Meta，同时投入数百亿美元去打造元宇宙平台 Horizon Worlds。当然，Meta 的野心不是罗布乐思那样画质粗糙的小游戏，而是 VR 游戏和社交。Meta 在元宇宙上的主要元素基本和罗布乐思重叠，但 2021 年 Meta 在元宇宙上的亏损超过 100 亿美元。究其原因，还是 VR 这个设备吃力不讨好。罗布乐思的画质粗糙是由于游戏编辑器操作简单，而 Meta 的 Horizon Worlds 使用技术 VR 势必会抬高用户参与的门槛。

如果说，Meta 想要借元宇宙东风，那很多其他元宇宙概念企业就是"事后诸葛"了。2020 年新冠肺炎疫情暴发，很多线下活动停滞，大家都在寻求线上解决方案，很多人通过视频软件实现居家办公。当时也有很多人在家天天玩游戏，网络游戏获得了很高的用户流量，于是就有人计划在网络游戏中举办一些线下活动。

2020年7月，2020年美国ACAI科技大会（AI领域）在游戏《动物森友会》举办。2020年4月，美国说唱歌手特拉维斯·斯科特在游戏《堡垒之夜》举办演唱会。2020年5月，美国加州大学伯克利分校在《我的世界》举办毕业典礼。

发现了吗？这些活动都是2020年举办的，但元宇宙概念铺天盖地而来是在罗布乐思上市的2021年3月。即使招股说明书出来更早，那也是一种事后总结。

了解了元宇宙的历史，投资者就很容易了解元宇宙投资的核心关键：自媒体、互联网金融、游戏。但国外和国内的互联网金融理念却是两条线：国内的互联网金融主要是支付宝和微信支付，国外的互联网金融主要是去中心化的DeFi分布式金融，国外这几年金融科技主线一直围绕区块链。所以此处应该加以区分。

如今我们回过头来看，国内有没有企业能够借元宇宙的“东风”呢？

（三）元宇宙全平台——腾讯控股

腾讯提出了“全真互联网”概念，很多人说这就是元宇宙。实际上这么看有点“穿凿附会”。腾讯的元宇宙不是什么全真互联网，但腾讯的确具备元宇宙形成的几大元素，包括UGC（朋友圈、视频号等）、金融系统（微信支付）、网络游戏。实际上腾讯也是罗布乐思的中国代理商，可惜罗布乐思的模式在中国并没有很成功，因为其在中国的UGC模式受限，所以成为纯粹的小游戏平台。

当前国内对于元宇宙的政策还在探索阶段，所以还找不到比较正宗的元宇宙概念股，如果未来放开元宇宙开发，腾讯拥有UGC、经济系统、网络游戏等业务，又是罗布乐思中国代理商，又具备内部工程师文化，能够较快制作出元宇宙相关产品。所以，如果有元宇宙概念股，腾讯必然是一马当先，不过我们还是应该立足当下来剖析腾讯这家企业。

腾讯有一个庞大的业务生态体系，一度被人称为“腾讯系”，和“阿里系”针锋相对，但腾讯系和阿里系业务侧重点不相同。电商是为了节约用户时间，让用户省心省力。游戏和社交是消耗用户时间，让用户沉浸其中，乐此不疲。所以，虽然在很多产品上腾讯和阿里都有对标，但腾讯系的核心业务其实是游戏和社交。早在 2016 年，腾讯就管理了拍拍网。2021 年 12 月 23 日，腾讯以派息的方式减持京东股份，进一步断开和电商的业务关联。腾讯在电商领域一直在退。

腾讯的业务看似复杂，其实解剖起来很简单，其大类业务是三类：增值服务、网络广告、金融科技 / 企业服务。

腾讯增值服务又分为网络游戏和社交网络。网络游戏包括《王者荣耀》《英雄联盟》《和平精英》等热门游戏。社交网络主要是视频号直播服务、视频付费服务，应用包括腾讯视频、虎牙等。

网络广告服务收入中份额较高的是腾讯视频的广告服务，非视频会员需要收看广告，也存在悬窗广告等固定广告位收入。新进的广告业务是微信朋友圈嵌入广告，微信广告业务韧性强，流量大，预期将为腾讯贡献庞大的增量收入。另外，腾讯并购了搜狗、易车。搜狗作为一种输入法，其本身拥有比较高的用户使用量，比较适合嵌入广告以增加收益。

金融科技及企业服务属于腾讯的 B 端业务。金融科技主要是指以微信支付为核心的金融服务，其中比较大头的部分，是对接金融机构的信贷产品和理财产品，比如微粒贷和理财通等。企业服务内容比较丰富，比如腾讯云服务，比如在微信中交通出行、购物消费的跳转链接，比如小程序中的附加服务，比如企业微信、腾讯会议和腾讯文档组成的企业办公管理 IT 系统解决方案。

从投资者角度，腾讯的核心竞争力主要是 QQ 和微信占有的庞大用户流量。截至 2021 年年底，微信及 WeChat 月活跃用户达到 12.68 亿人，QQ 月活跃用户达到 5.52 亿人。微信对于用户有很高的黏性，工作伙伴之间习惯用微信对接工作、传输文件，家人之间习惯用微信联络，甚至学生从小就被要求利用微信来完成学习任务，几乎没有人能够摆脱微信。有了如此庞大的用户渠道，投放广告、销售金融产品、宣传网络游戏、推动视听潮流等，腾讯都是手到擒来。

微信是腾讯绝对的王牌，而腾讯也没有放弃 QQ。QQ 的确有点日薄西山，但是在当下年轻人群体中 QQ 依然存在市场。QQ 的属性和微信完全不同，QQ 的开放生态主打的是找到陌生人，而微信的闭环生态主打的是熟人之间交流。找到陌生人的功能满足开放社交需求，重新获得年轻人青睐，因为当代年轻人有“孤独感”。

综上，总结腾讯的竞争优势，可以概括为“一核心四管线”。

（1）核心：用户流量。微信 +QQ 缔造的用户流量基础。

（2）广告管线：腾讯视频 + 微信嵌入 + 搜狗等应用广告嵌入。

（3）金融管线：以支付工具向投资、借贷、记账管理等领域延伸。

（4）办公管理管线：以微信为核心，包括腾讯会议、腾讯文档、腾讯云等。

（5）大文娱管线：阅文 + 腾讯动漫 + 腾讯视频 + 腾讯直播等组建

起来的大文娱生态。

腾讯业务依然具备很好的韧性，但是腾讯也不是没有问题，腾讯近年受到了一些负面影响，这主要包括以下几个方面：

第一，腾讯游戏版号审批遇阻，遭遇未成年防沉迷。其中版号审批遇阻问题不大，因为所有游戏企业都受到限制，而这项措施也让腾讯老游戏的生命周期延长，诸如《英雄联盟》《王者荣耀》的游戏生命都超过 10 年。未成年防沉迷对于腾讯有一定影响，主要体现在竞技类游戏上。腾讯大约有 5% 的游戏营收是未成年人贡献的，这个水平并不高，但竞技游戏有时候比较依赖年轻人。如果成年后才能进入竞技游戏领域，那么未来中国战队对外比赛优势很难保证。但总体来看，腾讯在游戏方面受到的负面影响大致可控。

第二，腾讯广告行业的广告推荐算法受限，腾讯视频广告位缩减。广告推荐算法受限对于腾讯影响也十分有限，腾讯是广告的投放渠道，并不是电商，电商因为要达成交易从而对于广告推荐算法的依赖程度更高。腾讯的广告嵌入并不需要很精准，所以问题不大。但腾讯视频广告位缩减可能对其有一定影响。近几年民众对于视频网站弹窗广告、剪贴广告、暂停广告、信息流广告等的诟病日益增加，未来腾讯视频广告位将有所减少。

第三，微信支付遭遇金融领域更加严格的监管。包括支付和金融产品脱钩，穿透底层资产，进行信贷产品隔离，增加支付工具备付金，提现抽手续费等。金融领域的监管一浪高过一浪，不过总体上腾讯在金融上面临的困境要比支付宝少。

综合来看，腾讯的业务生态很庞大，我们很难通过一项项业务的罗列来分析腾讯的优势，但投资者只要牢牢把握住腾讯核心即可，那就是微信和QQ缔造的用户流量。腾讯本质上看还是个游戏企业，这也是为什么投资者们坚持认为腾讯是未来最有元宇宙潜力的平台。

（四）消费互联网时代的“龙头们”

腾讯在国内有竞争对手吗？其实是有的，那就是字节跳动。字节跳动在国外的应用Tik Tok单挑Meta，而Meta的业务模式和腾讯是很类似的。国内的抖音短视频，当前也依然是流量大户。但很可惜，字节跳动没有上市，对于投资者意义不大。若其未来在A股上市，势必会掀起一轮投资热潮。面对抖音，腾讯以快手和视频号应对，不过可惜，短视频内容把控和用户习惯的确很难改变，当下国内短视频市场格局尚未改变。

哔哩哔哩是视频内容领域比较成功的平台。在长视频和短视频之间，哔哩哔哩走出了一条中视频的道路，模式上类似于国外的YouTube，通过自媒体主导的中视频内容，让观点更有系统性。短视频过于零散，知识性、系统性内容很少，多为直接的感官刺激。但中视频由于时长增加，其需要自媒体增加内容的系统性和知识性，系列化的内容产品也更多。中视频在制作上无法和专业的纪录片、电视剧媲美，所以另辟蹊径，热衷于在内容上追逐社会热点事件。哔哩哔哩的UP主通过观点来找寻认同自己的群体，所以很多UP主最终成长为KOL（关键意见领袖），而这些由内容组建的群体，既有社交属性，又有知识属性。当社交部落和知识内容积累到一定数量级，哔哩哔哩也可以通过这些社交部落的扩容，通过将小部落对接主流文化的方式，实现用户的扩张。

知乎可能对百度的搜索功能形成挑战。很多人认为知乎是自媒体，但知乎这种由问答构建的体系未来可以解决很多人的问题。有人遇到生活难题已经不再通过百度搜索答案，而是直接在知乎上搜索。知乎的底气在于，早年知乎是一个封闭的知识平台，其基础层有一批知识分子、技术能手，这群高知往往能提供有用的、高水平的知识内容。知乎只要持续激发这些人的创作热情，最后其搜索内容将无所不包，知识体系将非常全面。最后，可能形成一个真正的搜索引擎。

第七章

读书如历三千世
消费行业投资的一点心得

消费股投资对于普通人来说是非常友好的，消费行业并不需要很多的专业知识，投资者完全可以从日常生活中获取投资灵感。你也许不知道别人想要什么，但你一定知道自己想要什么。当你期盼买一辆车，期盼吃一顿大餐，期盼买一个智能手机，你可以想想背后的产品供应链、经营生态链、行业价值链等，通过一些基于日常生活经验的思考，你完全可以成为消费股投资的专家。本章内容比较杂，我们来谈一些心得。

一、从供需看周期

牢牢记住，价值投资者不预测经济，但我们关注经济周期，原因是经济周期其实是供需轮回的客观规律，就好像春夏秋冬一样。价值投资者和趋势投资者对于周期的观察视角各不相同。

我们通常将一轮长经济周期分为复苏、通胀、过热和衰退四个阶段。

在复苏阶段，低通胀率低利率，就业率和经济增长率逐步回升。

在通胀阶段，通胀率和利率都在缓慢回升，资金需求越来越高，就业率和经济增长率在一个健康的水平，经济学家最希望这种温和通胀永远持续。

在过热阶段，通胀率突破了稳定阶段，大宗商品纷纷创出历史新高，由于经济火爆，资金需求旺盛，资金利率也水涨船高。此时，如果伴随通胀率高企，就业率和经济增长率也同步提升，劳动力短缺，我们称之为过热；如果就业率和经济增长率没有很好的表现，通胀率高企，我们称之为滞胀。

在衰退阶段，由于过热阶段资金需求旺盛，利率大幅度上涨，实际借贷利率甚至超过了企业正常的收益率，导致借贷更多的钱却无法增加企业的利润，这种状况被称为投资的边际效益递减，当债主发现借款人资不抵债时，危机就此产生。历史上大多数金融危机的根源就是债务违约。

趋势投资者和价值投资者对于经济周期的基本看法是一致的，但观察方式各不相同，两者的区别体现为如下几点。

（一）趋势投资者看价格，价值投资者看供需

趋势投资者利用经济周期预测经济，从价格层面看问题，他们认为最理想的状态是在复苏阶段买入周期股，然后持有到过热阶段。如果一个周期的时间是10年，那么这将让趋势投资者获得数年的正向收益。从某种意义上看，趋势投资者的想法没有错，但他们往往很难看对周期。因为谁也看不透经济周期每个阶段的时间长度。诸如1929—1933年美国大萧条时期，很多投资者的亏损源自抄底，因为经济的衰退时间远远超过了投资者的想象，如格雷厄姆就是在抄底中损失惨重，最终被动开启了“捡烟蒂”的价值投资。1929年，经济

繁荣期即将结束的时候，很多趋势投资者却依然沉迷其中，如经济学家凯恩斯，凯恩斯对华尔街的投机泡沫一直保持清醒，但是1928年他还是参与到长线期货投资中，结果到1929年底，凯恩斯的净资产缩水75%。格雷厄姆和凯恩斯从趋势投资中总结经验，最终殊途同归。

作为价值投资者，我们客观上承认经济周期是存在的，但不会用经济周期知识去预测经济，价值投资者应该从供需层面看问题。诸如消费品，不论是可口可乐、贵州茅台，还是网络游戏、自媒体、预制菜等，价值投资者要确定的是这些企业能不能抵御经济周期下行的“寒流”，其往往假设经济跌入谷底的状况，思考自己持有的股票组合在经济谷底是否能够保持销售量，保持利润率，保持用户需求。

当然价值投资者也不是完全规避周期股，2022年上半年全球通胀率上行趋势明显，巴菲特在2022年3月初买入了西方石油。看上去巴菲特和趋势投资者在做法上并无不同，但实际上巴菲特观察的角度是供需，而非原油价格。俄乌冲突发生后，欧美国家迅速对俄罗斯展开了制裁，欧洲能源立场改变，未来必然减少从俄罗斯进口石油和天然气。之前欧洲天然气的来源有三个：其一是中东，其二是挪威，其三是俄罗斯。如果俄罗斯不供应天然气，那么欧洲的天然气将有40%的缺口。美国之前经历了页岩油油气技术革新，欧洲势必选择从美国进口。西方主要的石油资产在美国和墨西哥，未来数年其将大幅度提升产量以满足能源需求。

趋势投资者往往只关心通胀率和石油产业之间的关系，但价值投资者要分析这其中的因果关系，关注供需的变化。

（二）趋势投资者预测利率走向，价值投资者关注在某个利率水平下股票、企业融资的供需

趋势投资者会根据利率预期来布局投资，比如预期利率上行则投资无风险资产，预期利率下降则投资股票等风险资产，但实际上利率走向很难预测。例如 2017—2018 年，所有人都以为美联储会继续加息，结果美联储加息停了。到 2020 年，一场突如其来的新冠肺炎疫情暴发，让美联储重新回到零利率。

价值投资者也认同利率对股市的影响，但其更为关注市场实际利率，A 股很多投资者看到降准降息就认为是利好，实际上很多次货币政策并没有改变市场上的实际利率水平。所以，价值投资者一方面是看实际利率水平，而不是政策利率，思考企业融资成本是否下降；另一方面是看以下两方面的供需。

第一个是股票的供需。市场实际利率往往同步于无风险利率。无风险利率一般指的是 10 年期以上国债当前的到期收益率。因为 10 年期国债收益率是以国家信用为担保的长期债券，一般认为是没有风险的投资，而投资者本质上是在无风险利率和风险资产之间做选择。于是，利率下滑导致无风险利率下降，风险资产相对吸引力提升，需求增加。利率上行导致无风险利率上升，风险资产相对吸引力下降，需求减少。

第二个是企业融资的供需。贵州茅台的资产收益率大约为 24%，如果贵州茅台通过借贷来扩大产能，借 100 元的利息支出是 4%，那么其借 100 元会产出 20 元的收益，借的越多，企业业绩增速越高。如果利率从 4% 降到 3%，那么贵州茅台借 100 元会产出 21 元的收益。

（三）趋势投资者从失业率中找趋势，价值投资者从失业率中找需求

中国的城镇调查失业率数据比较稳定，由于没有太大波动，A 股投资者很难将其作为参考，尤其是中国有 2 亿灵活就业人员，失业率调查往往缺失这部分人的数据，投资者对中国失业率的观察需要依托自身对环境的感知，例如和朋友多交流，了解经济状况。

美国的失业率比较透明，每月月初美国劳工部都会统计非农就业数据。

趋势投资者会根据失业率的趋势数据来辅助投资决策，以 5% 的失业率标准为衡量，失业率高于 5% 还在不断上涨则说明经济在下行，失业率低于 5% 还在不断下降则说明经济在上行。只可惜这套做法在 1929—1933 年大萧条时期完全失效。某个阶段美国达到了充分就业，因为很多人愿意不拿薪水去工作，这个状况客观上助推了最低工资制度的产生，这也说明单纯依靠失业率数据无法准确把握趋势。

就业是消费品需求的重要支撑，所以价值投资者关心失业率的根本在于判断市场需求变化，价值投资者往往希望自己投资的上市企业能够跨越经济周期，在失业率高企的时候依然保持旺盛需求。所以，价值投资者喜欢以下几种品类。

（1）快消品。耐用品比如大型家电和汽车消费是有周期的，因为单件开支金额较大，失业率提升会使人们减少对耐用品的购买，但快消品则不会。

（2）必需品。确切地说是嗜好品，比如酒类、咖啡等，也包括水、食品等。

（3）非必需品中的低价品。比如口红经济，口红是非必需品，或者叫奢侈品，但因为口红可以安慰心灵，且价格不高，高失业率的时候女性希望通过购买口红来奖励自己。

综上，价值投资者和趋势投资者的关键区别在于表象和本质。趋势投资者认为事物是惯性运动。所谓趋势本身就是一种惯性，当你看到一块大石头开始从山顶滑落，你自然而然会脑补出它接下来继续滚动的画面。所以有人总是用西西弗斯去比喻经济周期。西西弗斯是希腊诸神之一，由于盗窃火种给人类被宙斯处罚，他将石头推上山顶，继而石头滑落，就这样不停地推上去，掉下来。这个情况类似于经济周期。价值投资者认为经济有其本质规律，从经济学这门科学产生的时候，所有经济学家的焦点都在供需，哪怕失业率、通胀率这些指标都可能表明“石头即将落下”，但只要没有看到经济内部供需趋势的改变，价值投资者就不应该轻易下结论。

所以，价值投资和经济学息息相关，观察的其实是人类的群体经济决策。这也是为什么近几年微观经济学逐渐成为一门显学，因为微观经济学常常能够去除宏观经济学中的想当然。比如，宏观经济学认为宽松能够让经济通胀率提升，但日本宽松了很多年，出现了“失去的 30 年”；央行利率到零，通胀率还是上不去。这是为什么？因为微观上老百姓依然在储蓄，而储蓄的原因是老百姓对未来生活存在焦虑。如果老了怎么办？如果经济危机了怎么办？如果失业了怎么办？所以，价值投资者应该也是个微观经济学家，要善于从宏观经济中看到问题的实质。

二、在巨浪中把握方向——找到政策方向

2020 年，新冠肺炎疫情导致油价下跌，大量期货投资者爆仓。到 2022 年，全球又因为俄乌冲突和供应链问题导致油价飞涨，而股市则遭遇了新的一轮洗礼。2019 年年初，非洲猪瘟和猪价低迷让养猪业存栏量锐减，之后猪肉价格飞涨。2022 年年初，猪肉价格持续低迷，在原材料涨价的大背景下，养猪行业严重“内卷”。还有 2019 年的比特币，2020 年的 NFT，2021 年的元宇宙。2021 年，虚拟货币挖矿机需求让显卡一卡难求的状况还没结束，汽车制造业又迎面撞上了汽车芯片短缺。贸易摩擦、环境问题、逆全球化……

价值投资者不能闭门造车，只有我们去主动适应环境，而不能等待环境来适应我们。价值投资者并不能用单一认知打遍天下，这个世界哪有一招鲜吃遍天的手段，有的只是知识的点滴积累。

价值投资者不预测经济，但是要了解经济学。了解宏观经济学的主要目的是了解经济管理者的施政思路，“像国王那样思考问题”。经济政策非常重要，一条经济政策可能会导致某家企业业务逻辑完全颠倒，从一家盈利企业转变为一家破产企业。比如 2021 年的滴滴，至今，用户依然不能在手机应用商城里下载滴滴的 App，因为其违反了信息保护的规则。了解政策制定者、经济管理者的方针，有助于投资者摸准政策脉络，避免产生大的投资失误。

经济学发展至今，经济学验证过程纷繁复杂，很多经济学的理论虽然广为传颂，印在大学的课本里面，却从来没有被政策制定者实际运用过。所以，既要了解宏观经济学理论观点，也要从市场经济发展

的历史中去找寻规律。此处笔者将介绍美国历史上几个知名的经济学派，我们不是论证经济学派谁对谁错，我们是要了解这些经济政策施行的动因，继而了解在经济发生变化的时候，决策者会做何打算。

在1929年大萧条以前，美国奉行的是古典经济学派，经济主要依赖放任自由，并不需要任何干预。古典经济学派起源于亚当·斯密，众所周知，其《国富论》就是市场经济理论的发端，亚当·斯密认为政府应该扮演“守夜人”角色。但古典经济学派无法阻止大萧条的出现，在1929—1933年的大萧条中，美国经济没有出现自我恢复。此时，凯恩斯主义指导下的罗斯福新政开始改变古典经济学派的做法，凯恩斯主义开始成为主流经济学观点。凯恩斯反驳古典经济学派经济长期看会复苏的观点，提出：“从长期看，我们都死了。”言下之意，要牢牢把握住当下，失业在家的人不会为社会创造价值，还会导致需求不振。所以，凯恩斯主张经济不好的时候政府应该主动拉动需求，通过需求来拉动就业。正是在凯恩斯理论的助推下，消费主义逐渐在美国植根，成为美国主流文化。

到了1960年年底，由于越南战争、提高美国社会福利等都需要消耗大量社会财富，美国财政政策和货币政策齐上阵，通胀率不受控制持续上行。20世纪70年代初期，尼克松总统想用紧缩政策压下需求拉动型通胀，但事与愿违，按下葫芦浮起瓢，石油危机爆发，中东石油大佬主导的欧佩克为了制裁欧美和以色列开始提高油价，美国通胀率进一步失控。20世纪70年代成为美国历史上最佳的危机样本，通胀率和失业率同步上升的现象无法用凯恩斯主义理论来解释，滞胀代替通胀成为新的经济现象。

20世纪70年代，滞胀问题困扰美国，于是“补袜子”的经济学家又出现了，主要有两个学派：一个是弗里德曼的货币学派，货币学派认为，滞胀就是政府印了太多的钱，美元紧缩就可以解决问题。于是美国利用货币政策展开“崩溃疗法”，货币利率急剧拉升，经济进入萧条阶段，1980 年开始美国进入三年困难时期。另一个是美国总统里根主导的供给学派。供给学派主要做法我们也很熟悉，就是减税。供给学派认为政府应该干预经济，但不是从需求端，而是从供给端，将利润和流动资金通过减税的方式留给企业，让企业发展起来。与此同时，美国《拜杜法案》颁布，也就是将美国科研院校的研究成果市场化，大学至此走上了卖专利致富的道路，而企业则获得了大量专利技术授权。同时，对 IBM 和 AT&T 的反垄断促进了新科技企业的诞生，诸如苹果、英特尔、微软等科技企业都借了美国反垄断的东风，“IBM 打倒，硅谷巨头吃饱”。可以说，里根经济学或者说供给学派本质上推动了企业发展，将资源更多让渡给企业，让企业更加强壮，而不是通过政府投资来制造就业和需求。供给学派认为凯恩斯主义最大的问题，是投资拉动的效果会出现边际效益递减，而财政在资源配置方面的效率不如市场高，所以将资源尽可能多地留给企业，留给市场，让企业和市场去主导资源配置，从而大大提升资源配置效率，也能避免政府持续投资导致的边际效益递减、投资效果变差的问题。

里根之后，老布什上台，考虑到当年竞选输给里根的过往，老布什必然要带来一些不同的经济理论。于是老布什采用了新的经济政策：新古典经济学派。总结为一句话：以不变应万变。新古典经济学派认为，一旦推出财政政策和货币政策，市场主体就会形成预期，比如政府采用积极的货币政策，那么企业就会提高物价，继而导致通胀率上升，而通胀率上升甚至经济过热就会逆转经济周期。所以，应该采用稳定的财政政策和货币政策，以稳定市场预期为主要目标。不过因为海湾战争，老布什在经济政策上的贡献寥寥，只当了一届总统就被克林顿替代。

美国克林顿时期的经济政策是一种混合政策，是在政府和市场分配资源之间找到一个平衡，哪怕是亚当·斯密也强调政府有“守夜人”的功能，这和无政府主义是有根本区别的。克林顿就是在各类经济学理论之间游走，采取一种务实的态度，在政府和市场之间走出一条中间线，被称为第三条道路。在克林顿之后，美国的大多数总统颁布经济政策都是要么里根，要么克林顿。诸如特朗普是打着里根经济学的旗号，而拜登是打着克林顿经济学的旗号，但克林顿之后的美国总统都没有解决财政赤字的问题，没有解决高消费导致的贸易逆差问题。

他山之石，可以攻玉。古典经济学派、凯恩斯主义、货币学派、供给学派、新古典经济学派，还有很多学派，了解这些学派是为了预测经济周期吗？并不是，我们要预测的不是经济周期，而是政府可能采取的经济应对措施。中国改革开放40多年，改革开放以前我们是计划经济，在改革开放以后，我们实际上经历了以上所有学派的实践，通过实践摸索后，最终形成了我国独有的一套宏观经济理论，我们不拘泥于某一种经济学理论，而是在诸多经济学理论中选择一种最务实、最适合当下、最能解决问题的经济理论作为阶段性政策指导。

在经济政策方面，1980—1990年，我国主要是经济开放，推动市场经济的发展，起点是1984年的莫干山会议，此时的经济政策类似于古典经济学派理论。在20世纪末，我国继续推进市场化改革，包括国企市场化、价格双轨制，也通过分拆国企、分税制来推动管理责任下放，利用产权等要素来激活国企管理层的积极性。效果是显著的，比如椰树椰汁和海天味业，都是在那个时候完成了股改。到21世纪最初的几年，国企产权市场化重新引发了国有资产流失问题的大讨论，但总体上还是以市场化为主基调。到2008年，由于海外次贷危机和欧债危机，我国开始采取凯恩斯主义的需求拉动策略，通过经济拉动来搞基建。凯恩斯主义对我国经济稳定起到了至关重要的作用，当前，拉动内需、财政和国企的逆周期调节依然是宏观经济下行阶段主要的兜底手段。2013年以后，随着投资拉动的边际效益递减状况逐步显现，我国政策开始转向供给侧改革。很多投资者还记得，自2013年开始创业板进入新一轮牛市，一直延续到2015年。

最近十年，我国经济政策一直是稳健的货币政策配合积极的财政政策，而财政政策更加倾向于供给侧优化，比如在2020年新冠肺炎疫情期间，推出了新基建投资计划。和2008年的4万亿元不同，一方面，新基建的主要投资来源是专项债，而不是货币宽松；另一方面，新基建面向的是新经济，是从经济效率上来优化供给侧结构。我国供给侧改革和供给学派的部分内容是相似的，比如减税降费，比如通过推动科技创新和反垄断的方式来建立市场公平竞争环境等。

现阶段，我国经济政策在两种政策中摇摆，一种是凯恩斯主义，又叫作需求侧拉动，其核心是投资、消费和出口；另一种是供给侧改革，供给侧包括劳动力、土地、资本、制度创造、创新等要素，随着数据价值提升，还加入了数据、信息要素。前几年的经济主要是供给侧改革，一手去库存、去杠杆，提高社会福利，改善劳动者就业环境；另一手通过创新来寻找新的发展空间，也就是新旧动能转化。最近十年政策的重点都是发展企业，让供给效率更高。

我国会不会一直奉行供给侧改革呢？笔者认为，经济政策如果从2022年向未来看，将逐渐向需求、供给两端同时调节转变。原因是供给和需求本身就是“一体两面”，所谓“鸡生蛋，蛋生鸡”。供给、需求不能脱离彼此而存在。有些行业需求不足，也并非因为供给无效，比如在新冠肺炎疫情下，旅游酒店行业整体萧条，此时再怎么优化供给侧，也无法改变游客去不了景点这个事实。为了让这些行业不至于消失，还是需要通过发放消费券，或者补贴商户的措施来维系。所以，未来数年，尤其是新冠肺炎疫情结束后，我国可能会进入新一轮需求拉动，预估级别还不低。当然，需求拉动的机构不再是过去传统的“铁公基”（铁路公路、基础设施），而是更加优化的新基建。比如锂电池汽车需要大量充电设施，而当前锂电池汽车的蓬勃发展离不开我国在充电领域的设施投放。未来可能不会鼓励大家购买传统大家电，但是会鼓励大家购买智能家居产品。供给侧不只是针对供给来优化，还要针对需求来优化。不适合老百姓的产品，规模化成本还比较高的产品，政策面可以先鼓励。

实际上在很多行业都体现了这个政策走向。比如锂电池汽车，之前有补贴鼓励使用，当市场成熟，补贴取消。比如光伏和风电，2022年这些新能源电力的补贴已经取消了，前几年的补贴让产业发展起来，现在市场规模上来了，太阳能板和风机的发电效率提高，补贴自然就取消了。

不仅如此，从当前经济趋势看，网络游戏、娱乐视听等领域的政策可能也会逐渐改变。

我国经济政策经历了一轮“脱虚向实”。但实际上笔者是反对将网络游戏、娱乐视听等归入虚拟经济的，网络游戏缔造的是虚拟世界，但网络游戏不是虚拟经济，而是真正的实体经济。

首先，中国的游戏产业正在成为优势产业。2021 年腾讯控股的海内外游戏业务总营收为 1743 亿元（约 268 亿美元）。腾讯游戏业务的国内收入增长了 6% 至 1288 亿元，而海外收入则猛涨 31% 至 455 亿元。不只是腾讯，其他游戏企业也在出海创汇，2021 年有 42 款中国游戏在海外的营收超过 1 亿美元。其中《原神》具备代表性，2021 年《原神》在海外 App Store 和 Google Play 的总收入达到了 18 亿美元。游戏产业已经成为我国重要的数字贸易出口产业，有人说游戏产业是“虚拟经济”，但它赚的却是实实在在的外汇。

其次，中国的游戏产业带动产业链的发展。很多人认为高端芯片和操作系统是实体经济，但终端火爆的起点都是游戏。无论是当年的台式电脑还是如今的智能手机，如果没有游戏产业的发展，终端厂商是没有动力去提升性能的。比如发展人工智能、无人机等最关键的芯片是 GPU，而 GPU 这种图形芯片的崛起就是依赖游戏需求。每一次芯片的提升，都是因为旧有芯片无法担负新游戏的负荷。很多地方都在积极鼓励 VR/AR 的发展，但实际上大家忽略了 VR 发展的根本是游戏产业。为什么扎克伯格要兜售元宇宙？实际上元宇宙就是游戏。在带动产业链发展方面，没有哪个产业比游戏产业更“实”。

再次，中国游戏产业的“未成年沉迷”其实并不严重。青少年沉迷的确存在，但青少年沉迷的产品很多，也有沉迷短视频的，也有沉迷追星的。沉迷的关键其实是减少青少年的“孤独感”，让他们多走出去。所以，青少年防沉迷的本质在于青少年要有人陪伴成长，而这又涉及父母一代人的收入问题、就业问题。如果父母没有那么多的“996”，没有那么多的“异地就业”，也许游戏根本成不了青少年的

“沉迷”目标。

最后，中国的游戏产业是中国经济突破瓶颈的关键。1990 年以后，日本经历了“失去的 30 年”，但实际上日本的紧缩萧条并没有想象中严重，毕竟其跨越到了发达国家行列。日本的资源非常匮乏，这就注定其要通过高附加值的出口来维持经济发展。比如进口原材料，进行精细加工后再出口，在材料上附加很多人类智慧，如果仅仅是初级产品加工，其出口价格可能还不够进口材料的成本。日本在游戏产业和视听动漫产业中发现了捷径，这两个产业不需要资源进口，完全是人类智慧的结晶，纯出口制造贸易顺差。所以在日本经济紧缩这些年，动漫产业、游戏产业蓬勃发展。这些产业能够完全规避原材料价格的波动，且需求提升没有上限。从日本的经验可以看出，中国如果要通过经济结构优化来回避全球经济周期，最佳的方式是发展游戏、视听产业，这些产业完全是人类创意，其本身的初级资源消耗非常低，但却能够拉动经济需求。2022 年，中国房地产支柱产业的地位在松动，中国急于找到新的支柱产业。在消费领域，锂电池汽车可能成为支柱产业，但看美国、日本过往的发展经历，笔者认为游戏产业和视听产业等创意文化产业，也将是我国重要的支柱产业，是跨越经济瓶颈的依仗。

三、学会用逆向思维想问题

人类从原始社会起就是通过群居来战胜大自然，并生存下来，所以从众的心态实际上刻在了人类的 DNA 里面。比如“羊群效应”在资本市场无处不在。

人类善于用自己的理解来重塑新的信息和知识，有时候甚至因为立场而拒绝相反的信息，也就是不善于“面对真相”。比如在亏损的熊市反而很少有人讨论股市，而那个时候本应该是买入的好机会。

人类会被环境或者圈子改变。我们说“近朱者赤，近墨者黑”。这大概就是巴菲特远离华尔街定居奥马哈的原因，价值投资者要学会保持独立思考。

人类容易被随机性误导。1873 年，一个叫约瑟夫·贾格思的工程师，通过统计轮盘赌的结果得出结论：有一个轮盘赌桌子的零件坏了，这让轮盘赌的某个数字出现的概率大大提高，于是这位工程师就用这张桌子赢钱。赌场发现这个工程师赢钱概率大增，知道不妙，于是偷偷换了桌子。我们经常被随机概率包围，有些投资者就用这些概率来做决策，丝毫不关心企业由很多零件组成。普通人不会了解零件损坏和轮盘概率的关系，只有熟悉轮盘赌桌原理结构的人，才能抓住这些概率差异。普通人往往被随机性误导，忽视了对企业各种“零件知识”的积累。

人类会迷信。有研报人员利用天干地支和阴阳五行来预测市场，网络上占星师比经济学家更火爆。大多数迷信源自盲从，但有些迷信却有隐蔽性。比如，有人测算说过去的金融危机平均间隔 11.5 年，就好像硬币连续 10 次正面，有人就觉得第 11 次反面的概率提升，但实际上第 11 次的概率依然是 50%，如果没有对经济深入了解，我们很容易得出直观的评价。比如“五穷六绝”认为五月和六月是股票下跌的月份，“金九银十”认为九月和十月股市表现较好，可是马克·吐温说过美国的股市“十月是所有月份中最威胁的月份”，有统计认为美股最糟糕的月份是9月。这些相互矛盾的“刻舟求剑”结论，往往让投资者陷入思维混乱，匆忙中的决策往往造成大量损失。

人类厌恶损失。失去的痛苦远远大于盈利的快乐，所以两只股票一只盈利，另一只亏损，大多数人会保留亏损股，而卖出盈利股，但实际上大多数情况下，这种投资方式会导致亏损扩大。当然，并非保留盈利股就一定正确，但价值投资的本源是以合理的价格买入伟大的企业，如果将问题换成：两只股票一只很便宜，一只很伟大，你选哪一个？伟大的企业往往能够在市场上证明自己的伟大，所以上涨的概率更高，而市场中的聪明人正是发现了伟大企业的特征，才在两只股票之间做出选择。

四、中国消费股洞见

对于消费股，笔者还有一些零散的心得：

一是选择消费龙头股。消费领域存在规模效应，行业往往从“群雄并起”转向三分天下。由于反垄断的存在，大多数消费企业不会一家独大，行业中存在2~3家龙头的状况比较普遍，而投资者要选择龙头股。

二是选择独有和稀缺的消费股。典型代表是片仔癀，市场上没有替代，拥有良好的壁垒。

三是选择有核心竞争力的企业，但要注意可复制性。核心竞争力不仅指技术竞争力，还指品牌、渠道竞争力。但要关注竞争力是否可复制。比如一家餐厅有一个手艺好的厨师，虽然有壁垒，但是无法复制。

四是选择轻资产和平台企业。重资产往往意味着变现能力差。

五是选择国产替代、全球化企业。不要局限在中国国内市场，能够“走出去”的企业才是伟大的企业，小池塘是容不下一条龙的，企业要有鸿鹄之志。

我们这个时代正在发生变化，以前，投资消费股只需要关注护城河，市场如战场，能够战胜对手成为行业的王者才是好企业，价值投资是跟着“王者”行“王道”。但这个时代和过去不同：一方面，“王者”遭遇反垄断，瞬间消失在尘埃中；另一方面，其他领域的“王者”大举入侵，企业往往地位不保。想想汽车制造业的BBA[①]，它们遭遇特斯拉和“蔚小理”也无可奈何，再想想当年一枝独秀的诺基亚手机，如今安在？所以消费股的最终发展形态并不能仅限于一个行业，或者全产业链，或者全生态链，或者全球化。消费企业的未来路径并不是固守一隅，而是放下吊桥，打开城门，进入其他巨人的领地，去攻城拔寨。多元化经营早已不是什么难事，那些画地为牢的巨头才是真正的“惶惶不可终日”。

所以，我们投资消费股还要强调专一业务、简单业务吗？这方面股神和笔者的看法是有分歧的。我们比股神都要年轻，不能因为上市企业模式复杂而弃之不理，就好像百事可乐和可口可乐，我们承认可口可乐在糖水领域的统治地位，但百事可乐开设百胜和乐事薯片也并非错误决策。我们要看到企业真正的核心壁垒，比如苹果公司的核心壁垒不是手机，而是应用商城。

---

① BBA：宝马、奔驰、奥迪。汽车制造三巨头。

后　记

中国需要一场文艺复兴式的科学思想普及

新冠肺炎疫情对于人类进程的影响是深远的，俄乌冲突或许是欧元经济圈衰落的起点，全球能源价格高企直接导致全球经济出现百年未有之大变局。美国经济已经出现恶性通胀，恶性通胀之后基本都是经济硬着陆，按照经济周期理论，经济衰退周期一定会出现。所以，我们大胆预计 2023 年美国会出现经济硬着陆，也就是企业破产重整，一场全球的经济危机已经在路上。中国控制新冠肺炎疫情得力，经济恢复很快，危机过后，人民币经济地位会显著提升。在这个时点，我们需要一场关于人类命运共同体的科学思想启蒙。

欧洲的现代科学思想启蒙源于一场瘟疫，黑死病夺走了欧洲 3000 万人的生命，也改变了欧洲和人类历史的走向。欧洲大量人口死亡，削弱了统治欧洲 1000 年的宗教势力。英国开启了工业革命和现代科学启蒙。当然，我们历史上也有过科学思想启蒙。“五四运动”是新民主主义革命的起点，也是一场思想启蒙运动，“五四运动”提出的“民主”和“科学”口号，到今天仍然具有时代意义。

科学主要研究的是物体的运行规律，也就是《大学》里面讲的格物致知，由于阳明格竹没有基本的现代科学理论支撑，所以肯定悟不出科学规律。从某些方面讲，很多网民要求废除英语教育，回归语文教学。我们认为语文教学当然重要，但如果把语文教学等于恢复儒家古文教育，那就是拒绝接受现代文明，因为几乎所有的现代科学基础知识和基础理论，都是用英文写的，无论是英文，还是汉语，都是人类文明的一部分。海纳百川，有容乃大，作为人类命运共同体的大国公民，要有接受一切现代科学的思想，而不是非吾族类，其心必异。苏格拉底说，知识来自何方都不可耻！

科学（Science）的定义，是可检验的解释和对客观事物的形式、组织等进行预测的有序知识系统，是已系统化和公式化了的知识。

根据科学反映的对象，科学主要分为自然科学、社会科学、思维科学、形式科学和交叉学科。我们讲的“科学”，主要指的是一种思维“科学”启蒙教育，主要是人们要从思想上，区分出来什么是科学，什么是经验，什么是神学。我们不是要反对经验，因为有时经验也是对的，但我们越来越需要科学思想，包括科学决策，而不是依靠拍脑门决策。当然，要想做出科学的决策，也需要自然科学、社会科学的知识作为基础。

如果说过去“摸着石头过河”的改革开放，属于一种前无古人的，对于新的道路的经验探索，那么，当改革进入深水区之后，已经摸不到石头，这个时候，我们可能需要更多的科学探索，而不是依赖经验主义。特别是当我们国家的经济体量、发展模式、科技创新等都已经进入深水区，前面已经没有对象可以模仿，没有经验可以借鉴，越是这个时候，越要科学探索、科学决策，不盲目出招，不盲从经验主义。

资本市场的投资者比较浮躁，如果说今日的中国依然存在一定的机会，那么就是大多数人的急躁。一个人越是渴望马上看到结果，就越说明以他现在的实力还不配拥有这个结果。芒格说，你要想得到某种东西，首先是你自己要配得上。

急迫，是一种弱者的自卑；等待，才属于强者的自信。

以前，我经常劝朋友做价值投资，做长期股权投资。不是特别熟悉的人，会直接把我当成骗子。熟悉一点的人，会说自己只买基金，因为基金没有风险。保守一点的人，会说自己只相信银行，所以，只做存款。

价值投资的确不是100%成功，由于认知不同，后来我很少劝人价值投资股票了。我只能眼看很多投资者被骗而无可奈何。国人高中阶段没有基本的经济学和金融学知识教育，多数投资者没有基本的经济常识，缺乏金融认知。经济学也是现代科学思想的一部分。普通人的经济学知识缺乏到什么程度呢？当我们的新闻发言人说我国面临的主要是“摩擦性失业”问题时，竟然得到网民的一片嘲笑。摩擦性失业和结构性失业，实际上都是凯恩斯主义百年前讨论的核心内容。我们真的需要在高中阶段开始普及基本的经济和金融知识，正是因为我们没有普及金融知识，才会有N多人宁愿相信翟山鹰之类的骗子，也不相信我们的价值投资方法才是正路，不相信股市赚钱是一项大本领。因为年青时代缺乏基本的金融投资知识，股市投资对于绝大多数人来说是从零基础开始学。人一旦成年，价值观基本上就已经固化了，不愿意接受新的事物，所以即使接触股市，由于知识体系已经封闭，寻找不到正确的路，炒股从头到尾都成了一种自己摸索的自嗨模式，刚开始怎样，到后面还是怎样，一成不变，这就是盈亏同源，多数人不赚钱的原因——不知道谁说的对，对好股票和坏股票没有分辨能力。

在股市里面只有极少数人可以在不同的思维模式间切换，我在证券行业做投资者教育20多年，遇到无数的股民，绝大多数都是听课之前看K线追涨杀跌，听课之后依然是看K线上涨才相信，大多数人还是一成不变的，这是刻在基因里的，而股市投资的底层逻辑不变，就不会改变投资结果。不改变自己的底层认知，不会改变亏钱的结果。

至于很多人说自己只相信银行，买基金没有风险，其实正是缺乏金融常识的表现。任何基金都不保本，任何理财都不保本，这也是基本常识。我们看到很多人去银行存款，结果是买了理财产品，买了保险产品，买了债券，买了基金。这些都是风险产品。何况，河南某村镇银行爆雷事件说明，即使是银行存款，都要睁大眼睛。个人学习金融知识极其重要，市场中怎么会有那种毫无风险，不用投入，又能百分之百成功的事？

基本的经济学知识、金融知识也是现代科学的一部分，这也是我们认为现代科学思想普及教育极其重要的原因。一个人，只有学习了现代科学知识，才能有明辨是非的能力，否则没有最基本的是非观，只有立场，在股市赚钱了就认为自己牛得一塌糊涂，亏钱了就认为全世界都是“想害朕的刁民”。人应当以是非定立场，而不是以自己的立场定是非。我们这里所说的是非就是实事求是，尊重基本的事实、逻辑和科学规律；立场是遇到分歧的时候不看事实，不尊重科学规律，第一时间去选边站队。

愚昧的最基本特征就是用立场代替是非。立场先行的人其实不具有同理心，不具备独立思考的能力，他们的脑袋中被镌刻了“顺我者昌，逆我者亡”的立场。一个没有独立思考能力的人，只要别人与他的观点不一致，他就会立即反对。

一个成年人，应当基于事实的是非曲直分析形成自己的立场，而不是用某种立场去反向界定事实。当今的世界并不太平，正处于百年未有之大变局，国家要抓住机会，个人也要抓住机会。人类命运共同体需要一群具有人类基本是非观的大格局的人。没有是非、只有立场的人在互联网上四处乱喷，四处树敌，幸灾乐祸，能成什么大事？

这个世界上，每个人都有权利为自己的观点做出各种有力的辩护，轻松就能够拿出各种理由来为自己的选择、喜恶、得失等做出评价和判断。他们言辞凿凿，理由充分，不容置疑，甚至为了维护自己所谓的立场而完全不顾他人的处境。这些看似普通、平淡又没有什么存在感的人，一旦进入互联网，涉及立场问题，就容易产生暴力相向的局面。即使是行业专家也会发现，当自己的立场与他人的立场对立的时候，再怎么想要通过科学解释问题，也是无法解释通的。因为当一个人的潜意识本能地捍卫自己的立场时，别人再怎么想要解释，他也是听不进去的。

一个人，只有在科学的基础上才能建立是非观，如此，内心往往会有强烈的边界感。这种边界感会让他们习惯独立思考，坚持自我，既不随波逐流，也不会盲目从众。如此，一个投资者，就算是在资本市场，遇到了一些烦心事、痛苦的事、无奈的事、迷茫又折磨人的事，也会及时地自我剖析。然后，分析出自己的问题，而不是到处抱怨 A 股市场不好。再然后，专注于自己认定是对的方向，建立起能力圈，认真地研究企业，回归企业本身。这样，投资者才能通过专注和坚持的力量，在正确的道路上及时地做出一番成就。

先有是非，再有立场，久而久之，投资者就会走向人格独立、精神独立、财富自由。一旦功成名就，别人自然会认可你当初的选择，并且不得不佩服你的价值观，而你也将活得更通透，更睿智。

从科学的角度，我们总是思考，是否我们也仅是站在自己的立场，而不是科学的角度，客观地分析消费行业的投资机会。恰好，我们寻找到了科学的依据：一个长期投资消费股的成功投资者——巴菲特。巴菲特之所以能够在过去60年的投资生涯中获得3万倍的回报，创造人类投资史上的奇迹，成为世界首富，与他长期投资消费白马股息息相关，大家最津津乐道的就是可口可乐、喜诗糖果、吉列等。近几年巴菲特的第一大重仓股，占到巴菲特持股市值40%的苹果公司本质上也是消费股，只不过它是具有科技含量的消费股。

美国过去50年历史上的十倍百倍的大牛股，有三分之一是与消费有关的。芒格说，在有鱼的地方钓鱼，消费行业不仅是有鱼的地方，而且是有大鱼的地方。消费行业之所以容易诞生十倍百倍股，是因为消费的持续成长性。每个人从早晨一睁开眼睛就需要消费产品：人的场景、家的场景、社交的场景、车的场景和手机的场景。

在这些行业中，最好的企业是显而易见的，打开它们的长期年线，我们可以看到几乎都是超级大牛股。如果投资者能够几十年如一日地长期抱定优质消费龙头股，肯定是股市里面的人生赢家。

所以，我们认为，如果投资者没有科技股的能力圈，那么消费行业是最适合投资的。消费白马股具备长期的投资价值。消费股的长期投资逻辑有以下几点：

第一点，好赛道。投资、消费和出口三驾马车，其中最稳定的、最有持续性的是消费拉动，大消费是需要坚持跟踪的最佳赛道。

第二点，消费升级——品牌化。我国面临人均 GDP 超过 1 万美元后消费升级的重大关口，未来人们消费会更加注重品质，更加注重品牌效应。未来的行业集中度也会进一步加强。类似贵州茅台、海天味业、伊利这样的消费龙头会长期存在。

第三点，科技进步。随着互联网电商普及，消费品差异渐渐变小，尤其随着消费互联网电商化，未来很多消费品的渠道进一步变广阔，消费受众面进一步变大，使得消费的流量效应不断提升。尤其是一些净资产收益率大于 20% 的食品医药、饮料龙头刚需企业，由于稳定的需求，在应对通胀时不断提价和拓宽产品矩阵，使其成长得以长期延续。

人们说科技改变生活，但科技改变不了可口可乐的味道，消费和医药企业与人们的生活、生产紧密相关，具有极强的刚需性。因为人类最重要的事情除了维系生存，就是提高生活质量；因为人类追求寿命更长，所以需要更好、更高效的药品；因为人们想更年轻，所以需要医美整容；因为人们需要商务社交，所以需要茅台等奢侈品。

总之，消费行业是百倍牛股的集中营，发现牛股不需要很高的智商，但赚到钱需要科学的投资价值观，如此，投资者才会有足够的耐心和信心，持有到赚钱的那一天！